茅小钱

阅读 是富养自己 最好的方式

筝小钱 —— 著

中国经济出版社
CHINA ECONOMIC PUBLISHING HOUSE
·北京·

图书在版编目（CIP）数据

阅读是富养自己最好的方式 / 筝小钱著 . -- 北京：
中国经济出版社 , 2024. 12.（2025.10 重印）-- ISBN
978-7-5136-7936-7

Ⅰ.G792

中国国家版本馆 CIP 数据核字第 202420TH82 号

策划编辑	龚风光　王　絮　杨　祎
责任编辑	杨　祎
特邀策划	书香学舍
特邀编辑	蒋香香　周自立
责任印制	李　伟
封面设计	车　球

出版发行	中国经济出版社
印 刷 者	北京艾普海德印刷有限公司
经 销 者	各地新华书店
开　　本	880mm×1230mm　1/32
印　　张	8.5
字　　数	190 千字
版　　次	2024 年 12 月第 1 版
印　　次	2025 年 10 月第 4 次
定　　价	59.80 元

广告经营许可证　京西工商广字第 8179 号

中国经济出版社 网址 www.economyph.com 社址 北京市东城区安定门外大街 58 号 邮编 100011
本版图书如存在印装质量问题，请与本社销售中心联系调换（联系电话：010-57512564）

版权所有　盗版必究（举报电话：010-57512600）
国家版权局反盗版举报中心（举报电话：12390）服务热线：010-57512564

自序

阅读是富养自己最好的方式

说到再写一本关于阅读的书,我真的压力山大。坦白讲,我在我的第一本书中已经讲了很多阅读技法,再写一本关于阅读的书,如何才能惊艳读者呢?一想到这个问题我就特别焦虑。我怕我写不出那么好的文字,我怕辜负了读者的期待,我真的怕。

这时候我的合伙人香香问了我一个问题:"你是因为什么开始阅读的?"我不假思索地说:"孤独啊,害怕啊,焦虑啊,就和现在的感觉差不多的时候。"

她说,那你就写一本适合在这种情绪下看的书,写给和你一样经常焦虑的人,写给和你一样厌倦了刷手机,想找点更有意思的事的人。

我瞬间觉得动力满满,一想到过去的三十几年,我真的是靠阅读一次次拉回自己的心绪,用阅读一点点熨平内心的波澜。相比练字、运动、学习,我真的更偏爱阅读的力量。

读治愈类的书,能让人释怀,慢慢看淡生活的刁难。

读文学类的书,能看轻外人的评价,将不重要的人请出生命,将时间花在真正在意自己的人身上。

阅读是富养自己最好的方式

读历史类的书,能看开内心的执念,面对不如意的事情,与其纠结内耗,不如交给时间,让过去彻底过去,让开始真正开始。

读哲学类的书,能体会到生命的长度是有限的,而人生的宽度却是无限的。

读方法类的书,能在一次次打击中不断找回生活的重心,在平凡的日子里发力,努力奔向想要的生活。

阅读是在用一种低成本的方式生活,阅读更是富养自己最好的方式。它既能像练字、运动那样,让慌乱的心安定下来,又能像学习课程那样可以让头脑疯狂吸收各种知识、技能。即便生活中没有人能依靠,一切只能靠自己,我们依然可以通过阅读让内心充满力量,让头脑被充分武装。

谈到阅读,很多人还处在"读法困扰期",就是特别羡慕那些"会读书"的人,自己却经常没空阅读,即便偶尔看看书,也觉得自己"读"的效果并不好;想每天都阅读30分钟以上,但看一会儿就犯困了;想把一本书从头到尾读完,但很多书翻看没几页就放下了;想把读过的书都记住并能讲出来,但又做不到……

这些关于阅读的小困难,让大家对阅读"想得挺好,干得挺少"。但经过这么多年的亲身体会,我发现阅读并不是一件"高大上"的事情,我们完全可以用简单、轻松的方式阅读。比如,阅读时长每次以5分钟起步就好,一本书从兴趣

/ 自序 /

章节开始读而不必非得全部读完。用这些简单易上手的方法,我自己读完了很多书,也帮助了数万人爱上阅读,体会到了阅读的快乐。

这些人中有不少人曾焦虑、迷茫过,但他们通过这样简单的阅读方法,每天哪怕只读 5 分钟,日积月累下来,不仅安放了自己那颗飘忽不定的心,也让自己聚焦行动,向着想要的目标坚定前行。

正如当年的我,因为职场沟通问题苦恼不已,也为自己的职业前途迷茫焦虑。而阅读就像"镇静剂",一本本的书给了我方向和方法,让我在半年被辞退 2 次的不利条件下,快速找出生路,并靠着自己的阅读能力,用 3 年时间打造出一个有影响力的读书 IP。

我非常希望更多人可以通过阅读,不再过分担心未来会怎样,不再每天焦虑得什么都做不进去。我们要先把心安住,再大量行动,把书中的方法、理念应用到工作生活中,让阅读不再只是一种享受,更是助我们成长的动力火药。希望大家不仅要在内心躁动不安、紧张害怕、焦虑无措时阅读,更要在知识探索、技能提升、势能升维、商业破局时大量阅读,让阅读真正富养我们的一生。

扫码回复 "666"
领取 29 节读书变现写作课

扫码关注
筝小钱视频号

目录

第一章 多读一本书，多富养自己一点点　001

- 多读书，锻炼和丰富思维能力　002
  - "一针见血"看问题的能力　002
  - 系统思考的能力　004
  - 联想应用的能力　006
  - 知识迁移的能力　008
- 持续阅读，提升解决问题的能力　010
  - 没方向时先盲动　010
  - 没行动时先确定目标　012
  - 没方法时找资源　014
  - 没欲望时找内在动机　015
- 阅读影响性格、改变气质　017
  - 阅读对气质的影响　018
  - 阅读对性格的影响　019
- 阅读不是一个人的孤独旅程　021
  - 阅读不是孤独的，而是独自的　021
  - 不要总是一个人阅读　022

在阅读中点亮自己的心　　025
　　修复过去受伤的心　　025
　　召唤初心，充满力量　　026
　　坚定利他之心　　027

第二章　不同人群如何用阅读富养自己　　031

爱阅读的人有什么不一样　　032
　　阅读能让人找到困惑问题的答案　　033
　　阅读能让人远离不喜欢的事　　034
　　阅读能让人走出误区　　034
　　阅读能让人减少迷茫　　035

宝妈：用阅读找回属于自己的时间　　037
　　宝妈选书，要结合自己的实际情况　　038
　　亲子阅读，要注意情感联结　　041
　　孩子爱看书和妈妈关系很大吗　　045

职场人：用阅读解决迷茫和焦虑　　049
　　工作之余大量阅读的奥秘　　049
　　逐步进阶，让阅读更高效　　052

学生：用阅读给自己更多选择　　057
　　不爱学习时，先关注情感联结　　057
　　想学习，但效果不理想　　061
　　大学时，开始功利型阅读　　064

职业读书人：借读书打造财富密码　　067
　　职业读书人的必备技能　　067

职业读书人的炼成方法	070
职业读书人的财富密码	072

第三章 做好 6 件事，轻松做到高效阅读　　075

做好时间管理，高效阅读	076
找到自己的大目标	076
及时处理自己的情绪问题	078
系统地管理精力	078
用好日程表	082
管理好碎片时间	083
读书易走神怎么办	085
先接纳会走神这件事	085
两张 A4 纸，让阅读更专注	087
读完就忘怎么办	089
读完就忘，真的是因为记忆力下降吗	089
应用是最有效的阅读记忆法	090
读书太慢怎么办	092
读书前：带着问题选书	092
读书中：提取内容要点	094
主题阅读五步法，从根本上解决读书少的问题	097
新手主题阅读，建议读哪些类型的书	098
主题阅读挑战：一个月读 15 本书	100
做主题阅读时，看电子书还是纸质书	101

合并同类项，归纳提炼关键知识点　　　　　102
　　合并同类项阅读法的使用步骤　　　　　104
　　合并同类项阅读法的应用　　　　　　　105
　　整理完一本书的笔记，需要多长时间　　106

第四章　深度阅读必须掌握的几个方法　　109

如何把一本书从厚读到薄　　　　　　　　110
　　剔骨式阅读法，初步消化书中内容　　　111
　　复述型阅读法，强化对书的理解　　　　112
　　分享型阅读法，完成阅读输出　　　　　113
　　剔骨、复述、分享，走完阅读圆环　　　114
如何写读书笔记　　　　　　　　　　　　116
　　新手记笔记，哪种形式好上手　　　　　116
　　记完笔记后，是否需要更新　　　　　　117
　　什么时候必须记笔记　　　　　　　　　119
　　如何培养记笔记的好习惯　　　　　　　120
读书一定要画思维导图吗　　　　　　　　123
　　思维导图对读书的价值　　　　　　　　123
　　如何用思维导图消化书中的内容　　　　124
　　需要把整本书的思维导图画出来吗　　　126
　　哪种思维导图更适合新手　　　　　　　126
如何反复阅读一本书，加深对书的理解　　128
　　反复阅读一本书会有什么新发现　　　　128
　　什么样的书值得反复阅读　　　　　　　132

反复阅读一本书时有哪些注意点	135
用辩证的眼光进行批判式阅读	**138**
什么是批判式阅读	138
如何做到批判式阅读	140
对于看不进去的书，是否要进行批判式阅读	141
碎片化时代，如何深度阅读	**143**
方法一："乌鸦喝水"式阅读	144
方法二：结合"T形能力模型"阅读	145
方法三：报名提升技能的课程，让老师推荐对应书单	146
方法四：输出式阅读	146

第五章　不同类型的书，阅读方法也不同　　149

选一本好书读起来	**150**
选择能读得进去的好书的方法	150
想要多读书，先放下把书看完的执念	153
优先读什么样的书	155
选书时有哪些可以参考的书单	157
虚构类的书该怎么读	**159**
读诗歌，不急于分析意象	159
读散文，品味画面感	161
读故事小说，多思考故事对我们的启示	162
实用类的书该怎么读	**166**
先读提升效率的书，学会掌控更多时间	166

再读心理类书籍，学会情绪解压　　　　　　167
　　别忽视营销类的书，提升自信心　　　　　　169
　　穿插读财富思维的书，突破认知　　　　　　170

经典类的书该怎么读　　　　　　　　　　　　　172
　　读经典，要一步步来　　　　　　　　　　　173
　　读经典时可以关注下作者的其他书　　　　　173

畅销书该如何选　　　　　　　　　　　　　　　175
　　不盲信榜单或名人推荐　　　　　　　　　　175
　　学会判断哪本书更适合自己　　　　　　　　176
　　畅销书到底要不要读　　　　　　　　　　　177

难读的书怎么读　　　　　　　　　　　　　　　178
　　书难读的原因　　　　　　　　　　　　　　178
　　读不懂的书，两种"平替法"　　　　　　　182
　　阅读，要不断走出舒适区　　　　　　　　　183

第六章　学会拆解书，做不一样的读书人　　187

拆解一本书的奥秘　　　　　　　　　　　　　　188
　　如何拆解一本书　　　　　　　　　　　　　188
　　如何发布一本书　　　　　　　　　　　　　190
　　什么人更擅长拆解书　　　　　　　　　　　191

学习讲书，全面提升拆解书的能力　　　　　　　193
　　什么人适合讲书　　　　　　　　　　　　　193
　　新手适合讲哪类书　　　　　　　　　　　　195
　　如何训练自己的讲书能力　　　　　　　　　197

学讲书的好处	198
如何写讲书稿	**200**
荐书视频稿	200
读书会讲书稿	201
线下讲书稿	202
写讲书稿对阅读的帮助	203
学习拆解书能带来哪些职业机会	**206**
主业探索	206
副业探索	207
职业读书人	208

第七章　阅读的习惯让富养成为自然而然的事　213

发现趣味感，对阅读上瘾	**214**
读书少，不全是我们的错	214
只想读小说，读不进去其他书怎么办	215
想读书却读不进去时，该怎么办	217
想要养成阅读习惯，应该怎么做	219
制订适合自己的阅读计划	**221**
结合自己当前的人生阶段，制订阅读计划	221
制订一份"消灭囤书"阅读计划	223
阅读计划被打乱怎么办	225
阅读是否需要仪式感	**227**
孩子的阅读仪式感，在于与家长的情感联结	227
成年人的阅读仪式感，通过塑造环境建立	228

是否需要特定的阅读环境	229
如何培养终身阅读的习惯	**231**
设定阅读目标	231
寻找阅读伙伴	232
开始讲书分享	233

后记　把书当朋友，富养自己是一生的修行　　235

寄语　　239

在书籍里可以发现自己,探索自己!

第一章

多读一本书，多富养自己一点点

多读书,锻炼和丰富思维能力

虽然读过的很多书我们都会忘记,但阅读过程中养成的思维能力却会保持很久,也会不断升级。

"一针见血"看问题的能力

随着阅读数量的积累和范围的扩大,我的阅读能力主要经历了三个阶段而得以提升。

第一个阶段是在我刚毕业的那几年,我只读一些人物传记、小说、诗歌。此时,我的思维是单一的,看问题只能看到表面,"它是好的或不好的",却无法看到背后的本质。这样有什么影响呢?容易

第一章
多读一本书，多富养自己一点点

迷茫。自己看不透，别人说什么就信什么，人云亦云，容易被外在信息干扰，心不定，所以每天都很慌。

第二个阶段是在我读了 50 多本个人成长书后，我接触了"元认知""第一性原理"等概念，慢慢学会了如何看清事情背后的原因，但只能看到一点儿，看不全。我遇到做过的事，能想出对策，但当事情发生变动时，就又开始慌，而且很容易焦虑。

第三个阶段是在我转行到运营圈之后，我读了不少营销学、心理学、社会学的书，从中学到了如何观察事情的本质，做事也越来越有底气。哪怕遇到从来都没接触过的事情，手里资源不足，也不会慌。

那么，如何通过读书培养自己看问题"一针见血"的能力呢？首先要放下对书籍的评判之心，因为一本书好与不好，对我们而言并不要紧，我们要重点关注"原因分析"的部分。比如，作者说某个问题的原因"不是……而是……"，这里面往往藏着可以激发我们深度思考的内容。而这些内容往往出自实用方法类的书，只有增加这类书的阅读量，才能训练我们深度思考的能力。

==深度思考的能力可以让我们受益一生。让我们既不会因为别人的评价而产生过大的心理波动，内心变得坚定；也不会轻易被"风口""机会"煽动，因一时冲动而令自己蒙受资金损失。==

对我而言，除了这些，深度思考还让我在创作上有了更高的要求。

记得有一次，我和秋叶老师一起创作一本书，他说我的稿子写得"浅"，但我不明白他说的"浅"是什么意思。后来，他把稿子一句句讲给我听，我才明白我并没有写出问题的本质，只是堆叠了一个又一个看似新颖的方法，对读者来说并不负责。从那次之后，我写的所有文章、书稿、课稿，都会指出问题的本质、最关键的影响等，路虽难走，但我依然坚定，希望自己的文字能帮大家少走弯路。

系统思考的能力

有句话说"要把自己像公司一样经营"，就是在说系统思考，即一种通过搭建框架来思考和表达的思维方式，而框架就像家里装修前使用的设计图纸。以旅游举例，从出发到返程，有哪些环节、有哪些需要准备的东西、可能出现什么问题、我们怎样应对，这些问题看似又多又杂乱，但如果列出来一个思维导图，是不是就清晰多了？这个思维导图就是一个框架。你拥有的框架越多，解决问题的方法就越多。我在读书的过程中刻意积累了很多框架，比如解决问题的黄金圈法则。

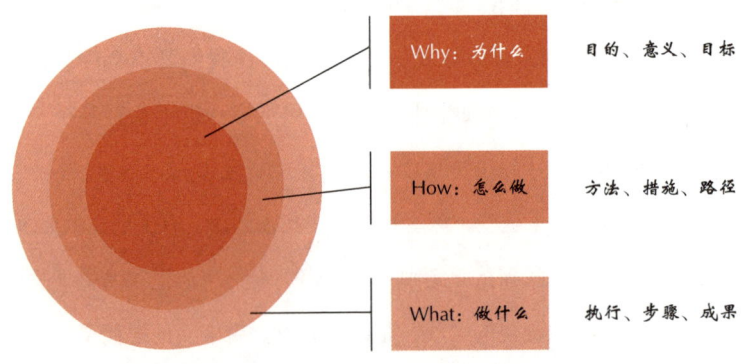

图1-1 解决问题的黄金圈法则

又如，面试使用的 STAR 模型。

图 1-2　STAR 模型

头脑中的模型多了，解决问题的思路就多了。很多时候，我们的迷茫、焦虑都是因为头脑中的模型太少。我们缺少框架思维，以至于无法系统思考，更别说从整体或者从流程的角度出发去想全一点、想深一点了。因此，我们常常感到不知道从哪儿下手。

其实时间管理做得好的人，会依据自己的多个身份角色，比如妈妈、妻子、女儿、员工等，盘点每个角色本月必须完成的事情，然后坦然接纳自己干不完所有事情的事实，再从中选择自己更在意的事情去做而已。

我们可以慢慢锻炼自己系统思考的能力。书读多了，阅读的节奏感和步骤感强了，就能慢慢形成自己的一套流程方法。

联想应用的能力

所谓联想应用的能力,就是给我们接触到的知识、技能找到应用的场景。以读书举例,任何我们看到的书,都可以应用在工作、生活、育儿、个人成长等场景中,你联想到的应用场景越多,对这本书的灵活应用能力就越强。但很多人联想能力比较弱,总是想不到这些书可以用在哪里。

我的应用能力首先来自借鉴,也就是看别人这么做了,我也尝试这么做。我学过李海峰老师的 DISC 线下课,课程结束后,每个人都要在线上分享一下学习收获,重点讲 DISC 可以用在哪里、怎么用。我听过 100 多节这样的分享课,所以至少知道 100 个 DISC 的应用领域。之后我把 DISC 与阅读结合,做了四象限书单、阅读游戏模型,过程非常轻松。

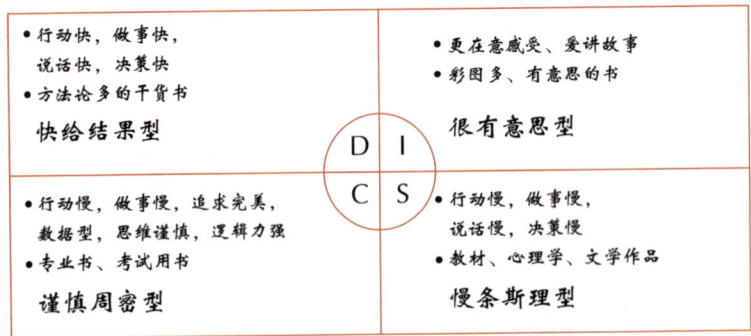

图 1-3 DISC 图书分类法(四象限书单)

第一章
多读一本书，多富养自己一点点

很多书里都有应用举例，比如，《金字塔原理》这本书曾被很多涉及沟通、写作的书引用，于是我就知道这本书能往这个方向用。类似这样的经典书有很多，如《影响力》，与经济学、心理学、社会学相关的很多书都高频引用了这本书中的内容。这样的书看多了，我们就不难知道每本书的应用场景大概有哪些了。

在应用时，我们还要有一种测试之心，很多方法能不能用需要测试之后才知道。有效果说明场景匹配，没效果就换一个场景再试。比如，孩子哭闹的场景有很多，书中说了某个解决孩子哭闹的方法，我们就可以在不同场景中测试一下。

此外，书中给的许多干货内容，都可以在工作、育儿、自我提升等多个方面尝试应用，比如我上面提到的黄金圈法则，测试之后我发现，它在许多场景都能用，而且很好用。所以，一定要多看、多用、多记，争取记住一个方法，在很多地方都可以用，这样的话，即便学的东西不多，解决问题的能力也能变得很强。

除此之外，还要多跨界。总是接触同一个圈子的人，思维会受到局限。多接触不同的圈子，我们会慢慢发现，很多方法是通用的。比如，我接触过运营圈、培训圈、教练圈、知识付费圈、抖音实体生意圈等。这些圈子是我通过报名线下课接触到的，每次课程都能遇到学霸型同学以及特别热衷于分享的同学。经由他们，我们能够快速捕捉应用方向，提高技能应用效率。

如果人家从事的是和自己不同的行业，自己也说不出什么见解，那就静静地听着。如果人家问我们是做什么的，我们可以大大方方地介绍自己。遇到听不懂的内容，就在合适的时机提问。如果发现人家所说的与自己行业里的某个内容相近，可以讲出来和对方确认。经由对方解释之后，我们对内容的理解就更深刻了，这比一个人领悟要快得多。==跨界学习的核心，不是去别人的领域学透什么，而是看到自己掌握的知识能否在不同行业里用得上，从而强化自己对这几个技能的熟练程度。==

面对外面的新世界，我们要多去应用、去跨界。只有这样，我们的内核才会越来越强，才能越来越容易吸收别人的知识，让自己越来越厉害。

知识迁移的能力

信息飞速地变化和传播让我们遇到的问题和我们读过的书之间存在一定的时间差。每一本书都是上一个时间段总结出来的结果的汇总，到了今天，可能有些理论和方法已经不适用了，最重要的是，我们遇到的很多工作中或商业中的问题，书里是没有直接答案的。所以培养知识迁移能力，也就是我们常说的举一反三的能力，是很重要的。

我妈妈是老师，她是一个特别善于举一反三的人。我第一次被她这个能力征服，是她给我们讲"圆和圆的位置关系"的时候。她拿了两个圆形和一个三角形，画了二十张不一样的图，让我们做辅助线。上完那节课，我才明白原来举一反三可以极致到这个程度。学会举一反三，不仅是学生必备的技能，也是成年人生存的基本之道。

/ 第一章 /
多读一本书，多富养自己一点点

想要培养知识迁移的能力，我有两个方法可以和大家分享。

第一个方法，是要学会萃取自己过往的高光时刻和失败经历。

从这些经历中，选出三个好的和三个不好的，分别叙述一下当时的过程经历，再思考一下从这个经历中我们学到了什么？如果把学到的东西概括成一个词语，它可以是什么？概括出来的这六个词与这六件事之间有什么关联？如果将这些经历放到现在做的事情上，可以有什么启发？这就是一个迁移的过程。

第二个方法，是不断地回忆过往经历。

过去遇到类似的问题时，我们怎么解决的？用的什么样的方法？用的什么样的资源？总结我们用过的方法，选出三个好的和三个不好的，找出它们之间的关联和共性，以及我们获得的启发。

刻意训练自己的知识迁移能力，路径大概如此。平时看书、听课的时候，我们也可以联想一下能把那些知识应用在哪里。

同时，我们还要主动分享我们的应用过程。比如，我经常鼓励学员用讲书的形式分享对一本书的应用经历，不要担心别人说你讲得不好，质疑的人往往只是一小部分，大多数人都会给出正向反馈。因为他们只读了书，没有走到应用这一步，没有我们想的这么深，对我们还是很钦佩的。

读书是一个人思维层面的提升，从学会看问题的本质，到逐步培养出系统思考的能力，再到学会联想应用和知识迁移，终极目标是解决现实生活中的问题。

持续阅读，提升解决问题的能力

我们在工作、生活中可能遇到的问题，基本可以归为四大类：没方向、没行动、没方法、没欲望。我们读书的目的，就是要持续攻克这些问题。

没方向时先盲动

没方向，就是指没有目标，不知道自己要做什么。

我曾经写过一个专栏，叫"个人成长必经的8个阶段"，里面具体写了什么是盲动，也就是没有目标但先开始行动。

举个例子，生完孩子那年，我特别迷茫，不知道自己该做点儿什

第一章
多读一本书，多富养自己一点点

么，工作晋升很难，未来转行还是跳槽又不确定。但我知道，如果一个月不化解迷茫，我就会陷入焦虑，导致无法理性思考。那不是我想要的状态，所以我决定先让自己动起来。在这一年里，我做了很多事，每天画简笔画、背古诗文、练字、看职业规划方面的文章、看相关的书，慢慢思考自己下一步往哪里走。想通之后，我果断递了辞呈，到另一个行业，继续做运营工作。

很多时候，我们都会进入迷茫状态，但事情不是想清楚的，而是行动过程中突然受到某种启发，或是用某种方法测试，然后找到出路的。你不要着急问别人"我该怎么办"，更多的是要在行动中发现线索。

如果想借助读书解决问题，可以试试破案式读书法。

第一步，记录案情。

你可以记录自己当前的问题是什么，现状是怎样的。

第二步，分析案件核心点。

你要分析现状里有哪些是你不满意的地方，哪一个是最不满意和最想解决的？出现如今这种局面是因为什么？

第三步，寻找线索、最终破案。

基于前两步，厘清自己的情况之后，你就可以带着问题去书中找答案了。是什么问题就找什么类型的书看。比如，遇到育儿方面的问题，我会去看一些育儿类电子书的片段。例如，打开微信读书，搜"孩子情绪不稳定""孩子哭闹"等关键词，打开这本书，跳到相应的章节，就能直接看到具体的方法。

没行动时先确定目标

没行动，是因为目标不清晰，有很多事情可做，但不知道哪个方向更好。也就是说，一个人行动少，不一定是行动力差、习惯性拖延，很可能是还没想清楚，还在犹豫中，他可能有多个目标，或者被别人的目标干扰。

这时候该怎么办呢？宁可不动也要想清楚自己想要的是什么。我们可以用愿景、使命、价值观推导出自己的目标。

表 1-1 目标推导路径

我的愿景	哪怕很遥远，依然期待出现的是什么
我的使命	希望实现什么，帮助谁，以后还想做什么
我的价值观	认同什么、不认同什么，自己要成为什么样的人，该怎么做才能履行好自己的使命

即使一时想不清楚，我们也要往这个角度想一想，答案慢慢就会浮现出来。如果出现多个选择，可以这样思考：如果这件事做成了，下一步我会做什么，下一步做成了，再下一步我会做什么。逐步推导，最终的选择自然而然就明确了。

我有个学员曾被这个问题困扰很久。她既是心理咨询师，又是学习、上课爱好者，还是三个孩子的妈妈。心理咨询、个人成长、家庭教育这三个方向，她都想做。她觉得这几个方向可以结合，但又不知道从哪里下手，于是为这个问题付费咨询。最后，通过我的引导，她找到了自己的方向,做了心理咨询师。因为为她做完梳理后我发现,这三个方向虽然起点不一样,但随着不断发展,她最终想往心理咨询上靠拢,所以就定位做这个方向,其他的都作为项目里的产品出现。

我经常用这个方法梳理目标,并给它起名"走一步想三步法"。比如,我做读书副业一年左右的时候,很纠结该怎么继续往前走,是继续给别人写读书稿,还是自己开个训练营,或是自己做读书会?我不知道可以怎么走,就用这个方法做梳理。

表1-2 目标梳理方法示例

序号	做什么	下一步做什么	再下一步做什么
1	写作投稿方向	成为签约作者,继续投稿多平台,多平台签约	写一本书
2	开训练营方向	做账号招生,滚动开班	做课,卖会员
3	做读书会方向	滚动开读书会,从线上做到线下	进企业培训

最终,我选择了先做读书会。原因在于,我觉得其他两个领域,即使使劲往前走,我也不太满足,而做读书会方向,我可以进企业、社区讲书,带动更多人和我一起讲书,这很符合我的个人使命。我从2016年开始做读书会,到2017年下半年就不再投稿。后来,我也做其他方向,但不是经常做,只有读书会是我一直在做的事情。

只盯着眼前的想法,往往很难想出来到底怎么选。越往前多想一步,越能靠近自己的价值观,答案也越容易出现。

阅读是富养自己最好的方式

没方法时找资源

没方法，就是指知道要做什么，也会去做，但做的结果不好。

我在没有方法的时候，会选三条路：一是找相关领域的网络学习资料，二是找相应的书，三是找导师付费请教。

刚开始做公众号时，我持续日更过100天，可数据很差，内容没有突破过500阅读量。于是，我开始查阅大量的学习资料，第一次系统地学习公众号运营的方法。做企业培训师的时候，我读了很多内训师和课程开发的书。做企业的时候，我又专门找导师学习。

那么，查资料、找书看、找导师学习，这三者有什么区别，应该怎么选呢？

时效性较强的技术内容，先查网上资料，而不是先看书，因为书是滞后于市场动态三个月以上的；专业领域知识，直接看书，因为网上资料可能不系统，甚至不准确；与团队管理、资金调度、商业模式相关的，优先找导师学习，因为书本没有那么灵活，参悟书中内容也需要时间，往往满足不了我们想要尽快应用的需求。

对于读书量不多又不会甄选书的人，遇到想做的事没方法时，推荐找读书多的人要书单，或者找专业老师付费学习，不要自己查资料，也不要自己去找书，因为这样既耗时间，又容易找不准确。

没欲望时找内在动机

没欲望，就是指不想动，陷入了内耗。有时候我们也想改变自己，但是一想到自己肯定坚持不了，于是还没开始做就没动力了。

没有欲望的人，可能是这三种原因：一是长时间迷茫，经常玩手机打发时间，注意力被过度消耗，专注力衰退，不能专注做事了；二是为了逃避现实的不快乐，不想挣扎和改变了；三是潜意识里自我设限，觉得过去自己没有任何高光时刻，做什么都没成功过，现在再努力也没用。

对于前两种情况，我确实不够专业，也没有更多的建议，但如果是第三种情况，我推荐试试这些方法：一是做一些过去没做过的新鲜事，比如换个城市生活，去一个不常吃饭的饭馆吃饭，走一条不同的路线回家。二是找到能让自己改变的小事，比如换个发型、做个美甲、开始写日记、每天存 10 元钱到固定账户，等等。三是一定要找到自己的内在动机，比如不喜欢现在的工作，觉得行业没前途、想转行，那么转行就是动机；觉得自己收入太低，那么提升收入就是动机；觉得自己长胖了，那么保持形象就是动机。

以前的我也沉迷于追剧、玩游戏，后来我能踏实坐下来看书学习，就是因为我毕业一年后还拿着 2300 元的工资，比我的大多数同学都低甚至比应届生还低。我看到了自己和别人的差距，所以下定决心转岗，这个动机足够强烈，让我从一个想看什么书就看什么书的

阅读是富养自己最好的方式

人,开始疯狂大量阅读以前从来不会碰的书,最后成功从人事行政转岗做运营。

总之,书能解决我们很多问题。当然,前提是要主动应用。书就像一把刀,用一次就相当于磨一次,刀越磨越快,书越用越好用,我们也就有了用书解决问题的能力。

有时候,有些书看起来没有直接给我们答案,但我们看过的每一本书,都会存在于我们的潜意识之中。在未来的某一天,它们或许会通过某种方式排列组合,给我们一个新的提示。

阅读影响性格、改变气质

我的爷爷辈、叔伯辈,有很多人都是泥瓦匠。我10岁以前头发特别短,像男孩子一样野蛮生长,很不喜欢打扮自己,和我哥一起抓鱼掏鸟,课堂上也是小动作不断。上了高中,我妈妈说我还是那么浮躁,做什么事都像一阵风,愣头青一个。但到了现在,我的气质变化特别大,村里的人夸我"这孩子像书香门第出来的大家闺秀",不仅十几年没见过我的人这么说,就连每年都见的朋友也这么说。不夸张地说,阅读真的是一把美工刀:外修身,改变气质;内修心,影响性格。

阅读是富养自己最好的方式

阅读对气质的影响

阅读这把美工刀能潜移默化地雕刻一个人的气质，雕饰成更加符合我们当下需要的样子。

说实话，我没看过专门讲气质培养的书，也没刻意关注过气质改变的阶段性成果。只是在某次看到一些与别人的合影时，有一种视觉冲击感。我看到自己从最开始的缩着身体、不够自信的样子到后来松弛下来的样子，再到后来眼中没有那么多迷茫和困顿，眼里有光、充满希望的样子。我也细致思考过，我为什么会有这么大的改变。

一开始，我想"变得更好""变得更厉害"，于是我不断地向外求，不断证明自己，却在无数个午夜孤独落泪，发现自己根本做不到。不知道大家有没有过这种经历，我是深有感触。

我妈妈是位老师，从我三年级暑假开始，她就严格管控我的学习。虽然我没让她如愿，但是这种"你要努力变优秀"的种子在我心里扎下了根，哪怕她后来放我自由，我也用这根弦拴着自己。

然而，现实是残酷的，我本来就不是非常优秀的人，做事情屡屡碰壁也属正常。论写作，我没人家文笔好；论讲话，我即兴讲话能力很一般，必须有充足的时间做准备；论学历、论工作、论家庭背景，我样样都很一般。所以，在很长一段时间里，我特别自卑，全靠假装自信的方式才骗过了很多人。

后来，我读了一些书，发现一个规律：我要先学会了解自己，知道自己是什么样的人，别被他人的评价乱了心神；接着我要学会接纳自己，我就是这个样子，有什么不好的呢？总不至于别人说什么我都要改；然后我再学着调适自己，不好的地方可以改，但改后应该既让别人舒服又不委屈自己；最后我应该学会爱自己，懂得如何跟自己相处，如何让自己开心。遵循这个规律，最终我们都会成为一个内心笃定的人。这就是我通过读书修炼个人气质的过程。

阅读对性格的影响

小时候，家里人给我的评价是"见到凡人不说话"，言外之意是我和谁也不讲话，特别内向。可是，现在的我是个话痨，很外向。为什么我的性格会有这么大的变化呢？

如果说和读书关系密切，我倒不这么认为，虽然读书可以帮我们更好地了解并接纳自己的性格，但改变性格需要重大事件的推动，尤其是重大变故。

我性格的改变，源于我高二做心脏手术，耽误了2个月的课程，导致我这个理科实验班的种子选手，几乎没有学到任何一个大考点，回校后成绩一落千丈。当时我才16岁，涉世未深，真的有点儿扛不住，由此之后，我的性格就发生了巨大的变化。

变回原来的自己，过程是漫长的。从在意别人怎么看自己，到故意展示别人喜欢的自己，再到找到并做回真正的自己，我用了很多年。最让我开心的是，最终，我的内在和外在合为一体，我活成了真正的自己,我爱我自己。我也希望每个人都能通过读书找到自己,并爱上自己。

其实,读书带给我们的好处有很多。比如,它让我们拥有平常心,让我们少走弯路少吃亏,让我们不贪财、不妄议。这些都会融入我们的价值观,让我们的内在发生点滴的变化,从而成就未来更不一般的自己。

阅读不是一个人的孤独旅程

我采访过很多读书人,问他们是因为什么养成了阅读的习惯。他们有个共同的答案:长时间一个人。我又问了很多其他人怎么看待那些经常去书店,一坐一下午的人?他们除了钦佩,多数会提到一个词"孤独"。读书的过程真的是孤独的吗?

阅读不是孤独的,而是独自的

很多时候,读书人显得形单影只,但他们其实并不"孤独"。他们只是"独自"享受静静地阅读的过程。

每次读书的时候,我总觉得作者是站在书背后的,文字就是他的声音。如果是我熟知的作者,当看他的书时,我基本能读出他说这些话的语气,头脑中有画面感,更能看得进去。我始终在和作者对话,当然不会感到孤独。

通过阅读训练出的独处能力,在新冠疫情之后对我帮助特别大。疫情刚开始的时候,我在家一边学习一边创业,我老公居家办公。我吃完早饭之后就坐在书桌前,一整天除了上厕所基本不动,也不讲话,而且不分周末平日,每天如此。他就不一样了,工作一会儿就得站起来溜达溜达,向窗外看看,他很好奇地问我,"你是怎么坐得住的?"

其实读书人都有这个本事。长久的独自阅读时光,已经让我们自动隔绝了窗外的一切。

不要总是一个人阅读

阅读不仅可以一个人,还可以和其他人一起,大家彼此交流、分享讨论。如果我们长时间一个人阅读,会越来越偏好某一类书,获取信息的形式就比较单一。在读书过程中,适当让"他人"加入进来,阅读会更高效。

第一,解决读完就忘的问题。

阅读时要记的东西太多,经常会忘,怎么办?在阅读过程中,我们可以让一个对这本书可能也有需求的人加入,比如朋友、同事、孩子,等等。假设自己看完这本书会为他做个分享,书里有什么是可以

/ 第一章 /
多读一本书，多富养自己一点点

分享的呢？结合他们的兴趣、需求，从书里面提炼一些内容，给他们讲。那怎么讲他们会更感兴趣呢？是不是要举一些例子？当我们这样允许"他人"加入我们的阅读中时，哪怕只是虚拟出来的一个人，我们的记忆能力也会提升。

第二，解决不会输出的问题。

很多人读完书不会输出，不知道选择哪个渠道输出，以什么样的形式输出。分享形式有很多种，我推荐先用这三种：自媒体平台发布、社群文字分享、线下交流。

自媒体平台发布

我们可以以图文、视频、直播等任何形式分享读过的好书，讲讲书中的哪些句子触动了我们，哪个方法让我们有所收获，也可以罗列主题书单，比如治愈系书单、提升文笔书单等。

社群文字分享

创建一个线上读书群，哪怕只有不到 10 个人，也可以先把群做起来，每个工作日早上，在群里发我们提前写好的文字内容，从书里找到对我们有启发、有触动的句子、段落，然后说说自己的理解。

==阅读是一种兴趣，也是一种成长方式，我们可以把共读分享当作邀请一群人见证自己阅读、监督自己养成阅读习惯的方式==。我最初就是这样，慢慢地就会主动去分享了。在这个过程中，我不仅养成了阅读的习惯，还因为要准备分享内容，看书更认真、更投入，对书的价值收获也比以往自己一个人阅读时多很多。

线下交流

以往，大家聚在一起的机会不多，聊的内容也不太有趣，但是现在我们可以把握所有机会和大家聊书。大家可以约个时间，一起吃个饭，吃饭之前先聊一小时书，聊的内容可以是说说这本书能帮自己解决什么问题，适合什么情况看；也可以是分享一下各自看的书，或者共同讨论其中一本书带给每个人的不同收获。

这种线下的组织形式，最初都是从自己的朋友、同事、家人开始的，然后每个人可以各自邀请一个人。这样高价值的聚餐活动，很多人参与一次就想参与第二次。因为每个人都渴望加入正能量的圈子，而且每个人都渴望被别人看到闪光点。当我们在分享书的时候，真的能看到大家眼睛里有光，全身都在散发着强大的能量。

一个人阅读很难坚持，也参悟不透，允许"他人"加入我们的阅读过程，主动和他人一起交流书，可以让我们的阅读更高效。

在阅读中点亮自己的心

读书这么多年,我一直觉得阅读是一个修心的过程,它能让我们修复过去受伤过的心、能帮我们找回初心、能让自身充满力量、能让自己坚定利他之心。

修复过去受伤的心

很多受过伤的人以为事情已经过去了,时间会疗愈一切。但事实上,它还在伤害着我们,甚至让我们陷入某种习惯性的行为模式里。

我有个朋友,大家都觉得她特别优秀,但她从不认可自己,她觉得自己努力就是想向爸妈证明自己。她没日没夜地工作,各种报课学习，取得了一个又一个成绩，但她并不快乐。

我接触过很多像她这样的人，被父母的言语伤害过，那些事已经久远到记不清了，但是小时候的伤，需要一生去疗愈。

读书能修复过去我们受过的伤，有些书尤其有用，如《原生家庭》《真希望我父母读过这本书》《蛤蟆先生去看心理医生》《每一天爱自己》等。

我在读到这些书时一度哽咽，原来我把受伤的自己丢在了原地，没有好好地安慰她。当我感受到那个被伤害的自己，从不爱搭理我到抱着我委屈地哇哇大哭，用力捶打我的时候，我才知道当初的我有多伤心。

修复好那些伤口后，我们会感受到爱与被爱，自己爱着自己，充盈着、美满着。

召唤初心，充满力量

十年来，我一直研究如何利用读书变现，坦白说在这条路上，我没少经历干扰，因为很多赛道赚钱的速度都比读书更快。每次我感觉到自己有一丝动摇的时候，就会问自己：为什么一定要做读书这件事？是因为自己感兴趣吗？是因为自己恰好赶上了读书变现的风口？还是因为自己做的第一套课恰好是读书课，所以有点儿骑虎难下？

当我这么灵魂拷问自己时，我会慢慢冷静下来。我做读书的目的，一方面是让更多好书与大家见面，另一方面是让更多想读书的人能快速找到喜欢的书，还有一方面是希望让不读书的人重燃读书的兴趣。

每次想清楚自己的初心了，我就会特别释然，其他赛道赚不赚钱和我有什么关系，读书赛道将来一定能赢过它们，只是现在我们还要多努力一些。每每想到这里，我的斗志瞬间被拉满。

其实不仅我是这样，很多创业型朋友也是如此。创业的人每天都会遇到各种意外，有无数个扛不住的瞬间，其实只要想想初心，就能重新找到斗志。如果你想要恢复斗志，可以看一些人物传记，我尤其推荐李源老师写的《逆袭》。看完这本书，我感觉自己又找回了初心，人也踏实下来，只想继续充满动力地加油干，感觉没有什么是解决不了的。

读书的人，经常无所畏惧，心里亮亮堂堂，满满当当。不管有多少困难，都不会畏惧，因为任何自己不会做的事情，都能找到对应的书，并从中找到答案。比如技能提升问题、变现问题、育儿问题、情感问题，找到了这些书，问题就迎刃而解了。

坚定利他之心

读书人不一定非要有利他之心。"我阅读我快乐"也没什么不好。但是，读书人一旦有了利他之心，就会思考"我为谁而读，我希望读书帮助别人解决什么问题"。这就会自动激发我们想要读更多、更有深度的书的动力。同时，我们会更注重对内容的消化，渴望吸收更多的知识，这是一个用输出倒逼输入的过程。

阅读是富养自己最好的方式

我以前读书就不注重利他之心,认为自己读书就很好了,但后来我看到很多人不会选书、不会消化书、不会输出。对他们来说,读书就像上刑,那些对别人来说是精神食粮的书,对他们而言就像一块板砖,所以我就想去帮他们。最初,我也不懂这就叫利他,直到后来我慢慢确定了自己的使命:帮助中国人实现每个人每年平均阅读量突破5本书。

有了这个使命感,我就有了行动方向,比如这个目标该怎么去实现?中国有14亿人口,这个数字乘以5,就是一年70亿本书。那我要平均分一人5本吗?还是要找一部分人多读,然后多读的人带动少读的人一起读?我会把这种使命感转化成一个目标,再把目标转化成一个行动方案,然后从行动方案去思考我所有可以调动的资源,从而把一个梦想变成一个战略,把一个战略分配到战术。在这个过程中,读书就不再是我一个人的事,读书给我的乐趣也不再只是被书中的内容滋养,还有更多的东西。

如果只是一个人安安静静地读,那这本书何时读完、读到什么程度,需要自身的自律进行督促,但如果你在读书这件事中加入一点点利他之心,比如每周在朋友圈里分享一本好书,说出它好在哪里、哪部分很值得看,那就不需要自律也能自动自发地把书读好,而且会为这个小目标进行高效阅读,从而帮助他人做时间上的取舍、内容上的提炼、案例上的储备。

每个人都有适合自己的富养方式!

第二章

不同人群如何用阅读富养自己

爱阅读的人有什么不一样

我是一个嗜书如命的人,对书似乎有种天然的痴迷。从自己读书到带人读书,我对书的认识也在不断加深。一直以来,只要拿起书,我都会陷入短暂的思考:学生时期,如果不读书打好基础,能否生出成长的动力?成长过程中,如果不读书升级认知,能否学到自己真正该学的本领?参加工作后,如果不读书提升自我,能否得到领导的器重,获得更好的发展?

每次面对以上问题,我的头脑中出现的都是否定的答案。如果有人问我读书的意义是什么,我的回答会是,==对于大多数普通人来说,读书是眼前唯一能看到未来的答案的方式,是唯一的救命稻草==。我们所有的认知都是在读书的过程中提升的。

/ 第二章 /
不同人群如何用阅读富养自己

阅读能让人找到困惑问题的答案

我妈妈是一名普通的农村妇女,高中没能毕业,一度在家务农,后来却当了代课老师。她有过多次下岗的经历,但总能重新找到工作,这靠的不仅是她的教学经验,更是她的阅读能力。

她是"读书狂魔",总能根据眼前的问题找各种书看。她听收音机时听到怀孕时要做胎教,就去集市和报刊亭找相关的书看;她想织一件有图案的毛衣,就买了织毛衣的书;她想做一个不被校长批评的老师,就去买很多辅导书,疯狂地记笔记学习。我们家有一本绝版书,叫《王占元讲怎样学好初中数学》,从1995年一直陪着我妈妈,单是这本书的学习笔记和相关题型整理,她就写了满满两大本笔记。现在,这本书的纸张已经发黄、掉了封皮。

由于妈妈是代课老师,学生数量减少后她彻底从原学校下岗。后来,她去私立学校继续教书,一路从普通老师做到中小学校长,乃至参加民办教育家大会。这些经历都是阅读给予她的。在这个过程中,她不仅阅读了提升学历的书,也阅读了提升能力的书。她经常对我说:"有什么不会的,就去书中找答案。"这句话深深影响了我。

经常读书的人或许都是这样,遇到问题时会下意识地先找书看,从书里搜寻答案。如果眼前这本没有答案,那就找下一本,直到找到答案为止。

阅读是富养自己最好的方式

阅读能让人远离不喜欢的事

我小姨喜欢读文学书,一个人惬意地过着自己的小日子,闲暇时读读书、写写字,岁月静好。读书于她,不仅能填补生活的空白,更能远离家长里短的生活琐事和各种无聊的娱乐节目。

我爸爸喜欢读成功学的书。读书于他,是躲避饭局、牌局后一个人的悠闲。很多个清晨,我打开卧室门,首先映入眼帘的,就是爸爸认真看书的样子。茶几上摆着书、笔记本、电脑,遇到看不懂的内容,他就在电脑上搜索注解,搜完就记录在自己的笔记本上。

对于很多人而言,阅读是保护盾和隔离网。保护自己不被无价值的事过多打扰,隔离外界的喧嚣与浮躁。

经常阅读的人,对与自己无关的消息会置若罔闻,对未来没有强烈的迷茫和困顿,只会偶尔焦虑于时间不够和能力不足。不常阅读的人,则更容易被环境影响,抱怨身边的一切。

阅读能让人走出误区

高中时,我很讨厌数学、物理、化学、生物,整体成绩不好,高考分数只够上个专科。大家都劝我复读,我却不愿接受,只撂下一句话:"我想去大学读自己想读的书,不想再看这些课本了。"我妈拗不过我,只好送我去上专科。

第二章
不同人群如何用阅读富养自己

但上大学后我才发现，我报的电子商务专业居然也有物理实验课。无论我对此有多么难以理解，为了修学分，我必须坐在实验室里，对着打点计时器，一遍遍地记录着数据，再用公式计算出一个个结果。在这个过程中，我慢慢发现，做物理实验其实挺有意思。

后来，学校请了一位教授，我们正式开始上物理课。第一节课，老师讲力学，他把"力"字写在黑板上时的虔诚、介绍古人对"力"的解释时的自豪感，我至今记忆犹新。当他写出一大串物理公式，轻松有趣地把一个超级难的知识点讲解清楚时，我甚至都怀疑，以前学的物理是假物理，这位教授讲的才是真正的物理。

如果我没有读大学，没有遇到这位教授，可能我这辈子都会认为物理是一门特别让人讨厌的学科。我也不会明白"学物理就是学哲学，学哲学就是学人生"这样深刻的道理。

我们读书，既是一个不断推翻过去的旧认知、创建新认知的过程，也是一个不断跳出认知误区、走向更清晰道路的过程。

阅读能让人减少迷茫

很多人之所以经常感到迷茫，是因为不会分析问题，不知道从哪里切入去解决问题。那些成大事的人，往往看起来稳如泰山，他们不是不迷茫，而是拥有较强的框架思维能力，能构想一件事会如何发展。他们的脑子里有一张地图，各种问题都在上面标注得清清楚楚：可能有哪些风险点，自己现有的能力和资源够不够用，等等。缺人就找人，缺能力就补能力。

阅读是富养自己最好的方式

这种框架思维并不是与生俱来的，它可以在阅读的过程中慢慢培养。我最开始阅读的时候，有"读"无类，喜欢什么就读什么。高中时期，我偏爱读励志小品、名人传记；工作最初的几年，我偏爱职场、成长类的书。在这个过程中，我渐渐提升了自己的通用技能和经验见识，但对自身的专业能力还缺乏明确的认知，直到我踏入运营圈，才对专业能力有了更深的理解。运营圈里的人做事喜欢模块化、模型化、流程化，于是，我也开始结合一些运营书学着做，慢慢地入了门。后来，在秋叶大叔的一个写作训练营里，我听他讲了建立框架思维的具体方法，并在他的推荐下重读了《金字塔原理》，发现书中所说的"相互独立，完全穷尽"，其实正是框架思维的体现，我这才慢慢学着培养自己的框架思维。

新手训练框架思维，解决自己想不通的各种问题，可以使用"便利贴法"，也就是把所有想法写在一张张便利贴上，然后对便利贴进行归类。比如，按照问题归类、按照解决方法归类等。整理归类的成果就是一幅思维导图。之后，你再围绕这张图，随时把自己读书时的、生活经历中的新思考补充进来。比如，问题的关键点在哪里、还缺少哪些资源、还欠缺哪些能力，等等。

这样，问题就从一个点延展成几个面，你可以针对每个面对应地思考解决方案。这样做，即使遇到再迷茫的事情，也能一点点化解掉。

每一本书都像一扇任意门，你想打开哪一扇，由你自己决定。作家赫尔岑说："书籍是最有耐心、最能忍耐和最令人愉快的伙伴。在任何艰难困苦的时刻，它都不会抛弃你。"书中未必有黄金屋，但一定有更好的自己。

宝妈：用阅读找回属于自己的时间

很多人问我，应该多读哪些书？这个问题，好回答又不好回答。因为不同类型的人，读书的重点是不一样的。

比如，宝妈群体。我接触过很多宝妈，她们平时会主动看一些育儿的文章。虽然有的人读书多一些，有的人读书少一些，但都很认可阅读的价值。问题在于，大家在阅读学习时往往很焦虑，既焦虑孩子的问题，更焦虑自己的成长。

阅读是富养自己最好的方式

宝妈选书,要结合自己的实际情况

作为宝妈,如果感觉压力很大,你不妨先睡好觉。宝妈是一个善于忍耐的群体,不会轻易向别人诉说自己的委屈,很多事情往往独自承受。"宝妈最缺的不是钱,不是能力,而是睡眠。"因此,我真心建议宝妈们不用急于改变和提升自己,吃好睡饱、养足精神、保持健康的身体才是最重要的。

如果很想读书,你可以先读些能解压的书,比如露易丝·海的《每一天爱自己》,这本书很有疗愈效果。宝妈们可以参考书中的镜子练习,每天对着镜子中的自己说"我爱你,我真的爱你"。就像作者所说的"别害羞,这只是换个方式说生命爱你!""我做的每一件新鲜事都点燃了我的生命。勇敢踏进新领域,是如此的令人兴奋。我知道前方只有好事等着我,所以不论生命要给我什么,我都做好了准备。"宝妈们要多使用充满爱的肯定语与自己对话,可以把这些肯定语贴在冰箱上、写在手上,然后真心实意地按照这些"肯定语"生活。

压力很大的宝妈们一定要先学会好好爱自己,认真爱自己的身体,因为它将会陪伴我们一生一世。我们来到这个世界,不是为了取悦别人,也不是为了按照别人的方式生活。离开这个世界时,我们带不走任何东西,唯一能带走的,是曾经爱过的自己。

如果很迷茫,就先问问自己想要什么。宝妈们常常感觉自己每天都很忙,却忙不出什么结果。有的人认为,是自己的时间管理没做

第二章
不同人群如何用阅读富养自己

好、钱不够用才导致这样的后果。事实却恰恰相反。她们是因为缺乏清晰的目标，没有想清楚自己想要什么、想过怎样的生活，才分不清事情的轻重缓急，导致做事混乱没头绪，如此一来，时间自然不够用，钱也很难赚到手。

其实，宝妈们从不缺乏行动力，眼前的低效率只是因为暂时还没想清楚，一旦想通了，宝妈们往往能爆发出惊人的行动力。为什么迟迟想不通？因为思维受到了局限。比如，不敢相信自己能成大事，不敢相信自己能靠读书赚钱，不敢相信自己能靠才华活着，对自己很不自信，并且常常为自己的停滞不前找各种看似合理的理由，例如年龄大了、身体差了、要照顾家庭……

所以，想解决内心的迷茫，要先从思维入手。我读过一些改变思维认知的书，对我影响很大，比如《规划最好的一年》《有钱人和你想的不一样》《终身成长》等。

此外，想解决内心深处的迷茫，还可以问问自己更在意什么。比如，孩子要早起上学，你要早起开会，你是担心孩子迟到还是更担心自己迟到？晚上回家后，你会花更多时间辅导孩子读书学习，还是更想留点时间用来提升自己？答案没有对错，但一定有我们更想选的那个，那个就是我们的价值观。

如果能顺从自己的心意，把更多的时间放在更在意的事情上，我们就会过得很舒服。如果没办法完全顺从自己的心意，就有必要让自己看到自己所做的事有哪些价值，以此增加自我认可度。

我推荐大家看一本书，S.J.斯科特的《习惯力：打造让你终身受益的微习惯》。很多事看上去很小，价值度却很高。比如，整理家务，很可能影响孩子的条理化习惯；记录每天的开支，会影响孩子的理财习惯；主动休息，会影响孩子的休闲习惯。我常和小小钱说，会休息的人做事效率更高。这句话影响了他的学习和休闲娱乐方式，甚至他还经常提醒我"妈妈该休息了"。

如果想减轻带娃压力，宝妈们可以多读一些关于亲子关系的书。每个孩子都有自己的年龄特点、性格特点，每个孩子的行为背后都有对应的心理需求，如果我们能够读懂孩子，在与孩子相处时就会很省力。比如《简单沟通：陪孩子走过青春期》《童年不缺爱》《达摩教养法》《有边界感的妈妈，不用督促的孩子》等亲子关系类的图书，都值得反复阅读，它们能让宝妈们获得启发，更加理解孩子。

其实，我这么爱读书，也不是一直读得都对。在育儿方面，我曾经是一个"照书养娃"的妈妈，觉得书里说的比我妈说的对。但是，我后来发现，阅读量不够的时候，我会错把一些道理当成真理。比如，我曾看过一些育儿书，讲孩子哭的时候不要抱着，结果导致我整个月子坐得非常不好。直到我儿子一周岁多，已经远离了吐奶、频繁夜醒等问题，我才看到《西尔斯亲密育儿百科》这本书。书中讲，对于高需求宝宝，妈妈要及时回应。我才明白，原来我的儿子是个高需求宝宝。

从那以后我决定，育儿书、家教方法书可以看，但不能偏听偏信，还是要以自己家孩子的特点为准。遇到问题的时候，我还可以直接询问孩子是怎么想的，或者跟照顾过孩子的老人进行沟通。

/ 第二章 /
不同人群如何用阅读富养自己

宝妈：用阅读找回自己的时间

职业：宝妈
情绪状态：焦虑
身体状态：缺觉
优点：抗压

● 首要阅读原则：

　　根据自己的状态

压力大：不读书，先睡觉
状态好：愉快地开始读书

宝妈如何根据自我状态选择合适的书籍

迷茫期：问问自己想要什么，更在意什么
压力期：哪里有压力，就读哪些书

亲子阅读，要注意情感联结

宝妈们除了要照顾好自己，还有对孩子和家庭的责任。为了培养孩子的品德习惯，很多妈妈会选择亲子阅读。这种阅读方式大致可以分为两个阶段，孩子上小学之前和上小学之后。

大多数宝妈将努力的重点都放在了小学之前，带着孩子读大量的绘本，家里甚至存放了上百本绘本藏书。孩子上小学之后，很多妈妈就不再陪他们读书了，因为她们觉得孩子长大了，不再需要像小时候那样搂着他们一起读书，应该开始训练他们主动阅读、独立阅读的能力了。

可是没多久，宝妈们就会发现，孩子不再像小时候那么爱看书了。这样的结果，在小学低年级时影响还不太明显，三年级之后，孩子不仅语文的阅读理解能力和写作能力受到影响，连数学题也经常出现"不会做"的情况。

阅读是富养自己最好的方式

无论是孩子已经出现这种情况,还是为了防患于未然,宝妈们在进行亲子阅读时要注意以下几点。

第一,意识到读书是一种情感联结。

孩子小时候喜欢让妈妈陪着一起读书,不一定是书的内容多么吸引人,而是和妈妈在一起看书,让他们感到开心、安全。长大后,他们未必记得这些书里讲的是什么,但一定记得读这些书时被妈妈搂在怀里的幸福感。为什么孩子逐渐长大后,你让他们自己看书,他们却不愿意看?因为,对孩子而言,不仅是书没那么有趣了,更是看书的感觉没有小时候那么好了。

很多人爱读书,并非天生如此,而是遇到了某个和他产生情感联结的人。比如,他身边有喜欢读书或者擅长读书的同学、老师、亲人,但遇到这样的人是偶然的。如果宝妈们能注重孩子读书时的情感联结,那么宝妈们不需要任何"外人",仅靠自己就能激发孩子的阅读兴趣,从而培养出一个喜欢并且善于读书的孩子。

第二,选书要结合孩子的阅读年龄,而不是孩子的实际年龄。

我在自己的第一本书《如何有效阅读一本书》中提到过,成年人的很多阅读问题都来自书选的不对,孩子亦然。我们不能因为孩子七八岁,就一定要选适合七八岁孩子读的书,甚至老师、教培机构给孩子推荐的书,也未必适合孩子当前阅读。

为孩子选择图书时,我们要考虑孩子的阅读年龄,而不是只看他的实际年龄。因为有一种情况是,孩子的年龄在增长,但其阅读能力没有随之增长。因此,宝妈们一定要结合孩子的阅读能力、阅读偏

第二章
不同人群如何用阅读富养自己

好、阅读习惯等，为孩子选择适合的书。

小小钱上二年级的时候，课外班老师留了一个作业，要求大家一个月内读完《柳林风声》。这本书很好，对一些孩子来说，读起来也相对轻松。可是，每个孩子的阅读能力是不一样的。老师让当时8岁的小小钱独立看完这本书，我明显感觉到他的兴致不高，压力有点儿大。

我很清楚，不能用别的孩子的能力去要求自己的孩子。所以，为了帮小小钱完成作业，我做了三件事。

第一件事是我先绘声绘色地朗读前两节，并且特意把有趣的部分读出来，让小小钱对故事产生画面感，激发他想了解故事后续的好奇心。我和他一起读书的时候，总是靠在床头，亲密地挨在一起，营造情感联结的氛围感。

第二件事是让他接着读，我听着。我以工作很累为借口，让他读给我听。在他读的时候，我表现出有很强的好奇心，很想知道后来发生了什么故事。

第三件事是虚构故事。我和孩子躺着聊故事的后续，聊聊谁会说什么、做什么，但目的不是为了编故事，而是躺着聊聊天。虚构故事的环节是小小钱最喜欢的，每次说得越天马行空，他笑得越开心。

宝妈们做好这几件事，对低年级的孩子很有帮助。如果是高年级的孩子，宝妈们可以把精力重点放在挑书上，找到匹配的书单很重要。如果实在不会选，可以请教一些专业老师，参考她们推荐的不同年龄段的阅读书单。比如，乐读猫的李静老师就非常擅长推荐书单，她是教育学博士，又做过多年的语文老师，她匹配的书单很受孩子们喜欢。

买书时，我建议大家不要一次性买太多，3~4本就可以了，买回来先看看孩子喜不喜欢。因为，通常来说，孩子们更喜欢重复看一本书，而不是广泛阅读不同的书。

第三，帮孩子找到他喜欢的书。

没有不爱读书的孩子，只有没找到自己喜欢的书的孩子。为了帮助孩子找到喜欢的图书类型，宝妈们可以从孩子感兴趣的动漫元素、动物、故事类型入手，因为这些书中蕴藏着他的情感联结元素。

如果不确定孩子喜欢什么，宝妈们可以先选一些书进行测试。比如，小小钱还不太会讲话的时候，我买了很多低幼绘本测试他的阅读喜好，经过测试发现，他喜欢看《小金鱼逃走了》《母鸡萝丝去散步》《噗噗噗》等这类新奇有趣的故事。

当他会说一些简单的话时，我发现他喜欢工作流程方面的书。比如，《忙忙碌碌镇》里讲到小麦是怎样一步步变成面包的，树木是怎样一步步变成纸的，铺路是怎样一个过程，等等，他都很有兴趣。

上幼儿园之后，他有段时间很不喜欢看书，这和他当时不喜欢上学有关。我就顺从他的心意，选择了听书，比如《海底小纵队探险记》《机甲护卫队》等。幼儿园大班后，他恢复了看书的习惯，很喜欢读和猫有关的书，比如"观复猫"系列、"如果历史是一群喵"系列，还有《想变成人的猫》，等等，但凡故事或者插图里有猫，他都很喜欢看。

小学二年级后，他开始喜欢临摹书上的插图，这也进一步增加了他看书的动力。

孩子爱看书和妈妈关系很大吗

有很多宝妈问我，小小钱喜欢看书是不是天生的，以及孩子爱看书，是不是和妈妈喜欢看书有很大关系。

我毫不怀疑，有的孩子天生爱看书。但我并不认为不爱看书的妈妈无法培养出爱看书的孩子。

我姨妹从小就不爱看书，她家孩子却很喜欢。这个孩子活泼好动，遗传了妈妈各种"拆家"的本事。然而，每到晚上，他都能安静地读上一段时间的书。这是为什么呢？

其实，答案很简单——这和孩子手里书的数量有关。我曾送了他两大箱小小钱看完的书，因此这个孩子从很小的时候就有很多的书可选。比如，洞洞书、翻翻书、迷宫书，形式各异，再加上一些书的插画非常精美，孩子很难不被吸引。因此，在我姨妹几乎不读书的情况下，这个孩子很爱看，甚至会拉着大人一起读书，让大人倍感惭愧，唯恐跟不上孩子成长的脚步，于是也开始找书看。

一年级以下的孩子很容易萌生出独立阅读的冲动，只要把他置身于书的海洋里，他总能翻出一本自己喜欢看的书，并且看得津津有味。但一年级以上的孩子，如果没有及早营造这样的读书环境，从小培养他的读书兴趣，就需要宝妈们多下功夫。

阅读是富养自己最好的方式

第一，多带孩子"离家出走式"读书。

我在第一本书里提到过"离家出走式"读书法。现在，很多宝妈开始带着孩子出门看书，并深深体会到，不在家看书，大人孩子读书都更高效。

小时候，我妈妈经常去县医院看病。做检查的时候，我不能进去，她带着我不是很方便，于是经常把我"寄存"在新华书店。我在那里一待就是大半天。

那时候的新华书店有很多工作人员，也有很多认真看书的人。在那里待着，除了看书，我不知道还能干什么。这段经历，是我爱上读书的重要原因之一。

第二，多让孩子和"在读书"的孩子接触。

我上小学的时候，和我妈妈一起住在学校的教师宿舍，隔壁的小妹妹有好几本精装书，比如《动物百科全书》那种大开本的彩色绘本。每天晚上，她爸爸都会给我们两个读书听。说实话，我并不羡慕她有这样一个会读书的爸爸，但是真羡慕她有大开本的彩色硬皮书。

在和她一起听书、读书的过程中，我受益良多，对读书产生了更多的热爱。就我个人感受而言，==孩子要接触的是"在读书"的孩子，而不一定是"爱读书"的孩子==。因为，与水平太高的孩子相处，往往会增加孩子的心理压力。孩子应该多接触的要么是比他们大一些的哥哥姐姐，以他们为榜样；要么是比他们小一些的弟弟妹妹，和他们一起玩儿，照顾他们，为他们讲书。

第二章
不同人群如何用阅读富养自己

第三，多创造与妈妈在一起阅读的亲密时光。

孩子小的时候，不仅仅是阅读书中的内容，更重要的是享受和妈妈一起选书、看书的感觉。建议宝妈们在引导小学前的孩子阅读时不要过度用力，不必急于让他学会主动阅读，更不需要和那些爱读书的孩子做比较，而要多增加与孩子一起阅读的亲密时光。如果没办法搂着他读，可以一起坐在书桌旁，或者窝在沙发上，各自捧着一本书。看书的间隙与孩子发生一些肢体接触、眼神接触，都会增进亲子关系。所谓爱屋及乌，当孩子更爱我们时，就会慢慢爱上与我们在一起做的事。

在和孩子相处的亲密时光里，你们可以玩一些游戏。比如，你可以和孩子建立互相打分的模式。孩子主动阅读了，你给他加 5 分；你花费了时间陪孩子，让他给你加分。具体加多少、在什么项目上加分、分数对应的奖励等，都由双方商量着来。用这种游戏化的模式增加看书的乐趣，可以减少被孩子占用时间的小情绪。

自从采取这种模式，小小钱就开始主动创造机会看书了。早上起来后，他经常会捧着书看，然后让我给他把分数记上。我表现不好的时候，比如发脾气了，他会给我扣分，我只能通过帮他做一些事情把分数挣回来。

有一次，因为小小钱做错事，我凶了他一顿，他哭了好久。因为这件事，他一下扣了我 50 分。我非常自责的同时觉得分数扣得有点儿多。我问他能不能打个五折，少扣点儿。他说虽然是他犯错在先，但我用很严肃的方式凶人是不对的，所以必须扣 50 分。扣了分之后，他的情绪很快就过去了。从某个角度来说,这是一个让双方互相谅解的小方法,对亲子关系的改善大有裨益。

通过阅读与孩子进行情感联结

怎么培养孩子的阅读兴趣

● 根本:意识到阅读是一种情感联结

● 选书:根据孩子的阅读年龄进行选择,帮孩子找到他喜欢的书

● 培养兴趣:"三多"
　多带孩子"离家出走式"读书
　多让孩子和"在读书"的孩子接触
　多创造与妈妈在一起阅读的亲密时光

和妈妈一起阅读真的好幸福呀!

对于宝妈来说,阅读就像一座随身携带的小型避难所,随时随地都能为自己提供温暖和能量。如果孩子问妈妈,我们为什么要读书,妈妈可以这样回答:"你垫在脚下的书本越厚,你能眺望到的世界就越广。"书或许无法解决眼下的难题,但它会给你冲破困难的力量。这世间,没有谁的生活没有烦恼,唯有读书是最好的解药。

职场人：用阅读解决迷茫和焦虑

很多人说，工作后自己很少读书了，有问题就直接向同事和领导请教，简单又快捷，而看书太慢了。有些人只有在准备考证的时候才会看书，而且一看书就容易犯困，他们很好奇我是怎么在工作之余读了那么多书的。

工作之余大量阅读的奥秘

小时候家里穷，我是在没有电子设备的家庭中长大的。初三那年，我妈妈当代课老师，一个月的工资才 300 元。直到我上了大一，我们家才第一次有了冰箱、洗衣机、液晶电视。在那之前漫长的学生

阅读是富养自己最好的方式

时代,我若想看《还珠格格》《快乐大本营》,就必须去同学家。

这对我产生的不好影响之一,就是我的网感很弱,综艺细胞极低,导致我做自媒体的初期总是很难抓住热点,经常是热点已经过去了,我才理解其中的玄妙。当然,我也有自己的优势,那就是我习惯了把阅读当作业余生活的一部分。对于我来说,工作间隙看书几乎是本能,因为我不知道还有什么更有趣的事情可以做。那时,我没有平板电脑,手机里也没有好玩的游戏、视频,而且,我不喜欢也没有钱逛街,不看书,我真不知道还能做些什么。

现在的职场人往往很难沉下心来阅读,主要是因为身边的电子产品干扰太多,手机诱惑太大。连我婆婆都能连续刷几小时的短视频,更别提年轻人了。对于现代人来说,有太多可以代替阅读的生活方式,因此,大家没有必要佩服我工作间隙读书多,我只是恰好生活在这样的环境下,在工作初期很少受到电子产品的干扰。

==毋庸置疑,电子产品让我们的生活变得便捷、高效。然而,过度依赖电子设备,倒不如没有电子设备,这和"尽信书不如无书"的道理一样。==

在我小学四年级时,老姨给我带来过一本《安徒生童话》。书是她借来的,我必须在两天内看完。那是我第一次接触有趣又有全彩图的书,只用半天我就全部读完了,还缠着我老姨把封底推荐的其他故事书都借回来,但这很难,因为别人也没有。后来,全家省吃俭用,把这些书都买了回来。

前几年,上映过一部电影《坚定的锡兵》,票房很差。我觉得,

第二章
不同人群如何用阅读富养自己

其中一个原因是，大家都没看过相关的书。甚至，很多人小时候可能没看过《安徒生童话》，不知道拇指姑娘、豌豆公主和王子的故事。

在成长过程中，我遇到过很多爱读书的人，比如我妈妈的学生、同事、同事家的孩子们，他们总会主动分享好书给我看。当然，并不是哪本书我都能看得进去，但因为可选的书足够多，所以找到自己喜欢的那本并不是难事。现在却不尽相同，虽然书比以前更多，但是找到一本自己喜欢、能读得进去的书特别困难。如果一个想读书的人连翻10本书都觉得没什么意思，那他就很难再对读书提起兴致了。

从找到好书的角度来说，我是非常幸运的。与这些同样爱阅读的人结伴而行，阅读会变成一件回报率翻倍的美好享受。

此外，我因阅读取得了不少成就。参加工作后，领导看见我经常在工作间隙看书，就开始给我安排一些写作类的任务。他们默认爱读书的人等于能写作，还给我报名了一些写作培训班，使我能快速提升写作能力。当然，我也没给领导丢脸，我投的稿子在上级单位评上了奖，还被收录到刊物里。我感觉自己"光宗耀祖"了，拿回家给我爷爷看，他逢人都要展示一番。

我还帮助公司组建了读书角，升级了企业内刊，领导因此在季度会议上表扬我，让我一下子在全公司出了名。本来我在职能部门默默无闻，大家根本记不住我，出名后，大家都认识了我，工作上的沟通协作也更顺利了。

最重要的是，我因为阅读、写作，顺利从人事行政助理转岗到新

阅读是富养自己最好的方式

媒体运营，这才有了我后来成为运营总监，有了为大厂做运营培训的经历。

可以说，读书这件事，对于职场中的我来说，既帮我高效完成了工作，又让我更快被领导和同事认可，从而帮我争取到更好的工作机会以及更高的薪水。否则的话，我也不敢在成长之后辞职创业。而且，我在网上写的一些书评常常会被人推荐给作者，让我能时时地收到专业人士给我提出的建议，对我打造个人品牌帮助颇多。

类似这样的经历很多。要知道，==读书的人永远不缺贵人，总会有人提点你、帮助你，让你迅速成长。==

逐步进阶，让阅读更高效

进阶第一步，读懂自己。

我在工作的前几年，状态总是忽好忽坏。有的时候工作效率特别高，有的时候却特别不想上班。到了 2015 年，问题变得更加严重，我几乎夜夜睡不好觉。

我当时在一家上市软件公司上班，是项目里唯一的运营，其他同事都是程序员。两个人哪怕工位相距不远，也是发邮件沟通。即便事情很紧急，也很少和对方面对面沟通。平时，每个人忙着自己的一摊事，大家几乎没有时间聊工作以外的事情，哪怕是在中午休息时间，大家也都是急匆匆吃完饭，就抓紧时间午睡了。

那时候，我的工作量很大，加上这种沟通方式与我以前的公司差

第二章
不同人群如何用阅读富养自己

异太大，令我非常不适应。我特别困惑：是我的工作方式出了问题，还是这份工作不适合我？职场的迷茫，真的和北方的大风天一样，说来就来。而且一旦有了苗头，风力就会越来越大，把自己裹进迷茫的旋涡。

我开始纠结要不要换个公司，如果换的话，换个什么样的公司，是不是还做运营，具体做哪方面的运营……很多朋友说我不知足，钱不少、离家又近，还是上市公司，还有什么不满意呢？我想想也是，于是，努力调整自己的工作状态，但心里始终不舒服。

后来，我读了一本书——《我为什么看不懂你》，才明白工作如此不开心，原因是我不够懂自己，不知道自己最在意的是什么，不知道自己的工作风格是什么样的，更没想清楚自己的职业目标是什么。

看完这本书后，我逐步了解了自己的性格、行为特点，也读懂了同事们的一些行为表现。在与他们相处的过程中，我能越来越多地理解对方，也知道了如何提出自己的不同看法，并且让彼此都舒服。我在这家公司一直工作到2018年，直到有了新的行业发展目标才依依不舍地离开，这也实现了我当年的自我约定：每一次转身都是华丽转身，绝不灰溜溜离去。

根据自身经验，我想告诉大家：如果现在工作得不舒服，别着急离职，先弄清楚自己想要的是什么，喜欢什么样的工作环境，喜欢与什么类型的同事相处。如果这些都不好实现，那只需明确职业目标是什么。

职场进阶的第一步，就是想办法读懂自己。谁更懂自己，谁就能更好地适应环境，过得自在。而且，越早懂自己越好。

进阶第二步，读懂岗位。

读懂自己能让我们减少工作情绪的问题。但要想不被辞退，我们还要加强岗位技能学习。

随着职场经验的积累，我们会逐渐有一个固定的职能岗位，与之对应的是一定的岗位技能。例如，所有办公室职员至少要精通Office办公软件。有些岗位分工更细，比如运营岗分为数据运营、产品运营、新媒体运营、社群运营，等等。

我们不仅要把自己岗位的专业技能学到手，避免出错，还需要了解协作岗位的技能要求，因为领导随时可能让我们一个人干两个人的工作，或者让我们转岗。

千万不要等到转岗之后，你才发现自己一无所知。提前阅读相关的书籍，等机会来临时才能恰好接住，即便坏消息来了也不至于被砸蒙。如果想离职，你还可以说走就走。只有多读书，多提升专业能力，你才能有说走就走的底气。

进阶第三步，读懂公司。

我以前管理过运营研究社北京分社社群，经常有运营新人问我，如何快速成长为一名高阶运营。我给他们的意见是，去了解公司的核心部门和核心业务。

一个公司的核心部门，往往是研发部门或销售部门。其他部门都是支撑这两个部门的。一个公司的核心业务，往往是有竞争壁垒的业务，或有高流水、高利润的业务。

第二章
不同人群如何用阅读富养自己

如果读懂了公司的核心部门，厘清了核心业务的运作模式，明晰了公司现在的产品策略和销售策略，那你的职业晋升之路就宽了。

在这个阶段，要少提意见、少抱怨。因为所有问题领导都知道，但因为资源不够、人力不足、成本不可控等因素，暂时没法调整。或者说，还有更加紧急、重要的事，没精力腾出手去管。

我们可以趁此机会在读懂自己、读懂岗位的基础上，多读一些与销售、运营相关的书，比如互联网营销、传统营销方面的书籍。从现有工作岗位出发，要么帮公司赚钱，要么帮公司省钱，这对职业发展大有裨益。

在这个流量时代，很多公司都在做新媒体。企业用内部人员做这个工作，会比重新聘请一个人做成本更低。如果互联网运营的书你比别人读得多，你就有可能获得新的机会。

进阶第四步，读懂人心。

经过前三个阶段，我们可能已经进入管理层了，哪怕只是个小组长。一旦做了管理工作，我们就开始觉得时间极度不够用。加上这时候我们可能已经结婚生子，时间更加紧缺，所以提前读一些书很重要。比如，管理下属的书、与领导沟通的书、商务谈判的书，等等；再如，内容涉及人际关系、心理学、行为学、财富思维的书，等等，都离不开读懂人心的范畴。很多时候，思维和认知决定了做事的结果。

职场人读书，形式并不重要。你可以听书，也可以读电子书，不记笔记也没关系，一本书没读完也不要紧。带着问题阅读，带着拓宽视野、提升认知的目标去读，就是好的。

阅读是富养自己最好的方式

想要更好地读懂一本书,你可以先阅读文字,然后再用自己的话翻译书中的意思,最后再复述。就像假设在讲给朋友听一样,将书的内容复述一遍。这样,我们会发现书中的知识已经是自己的了。

很多时候,书就像我们的鞋,哪怕它不够合脚,也能够让我们不断地走上更高的台阶、走更远的路,更敢于去追求自己的梦想。

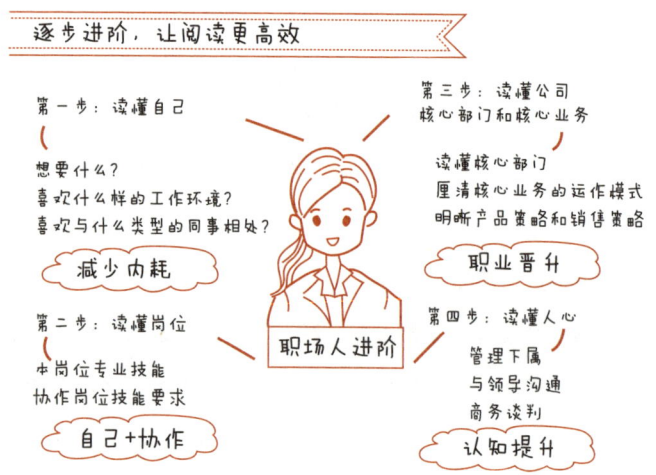

学生：用阅读给自己更多选择

学生阅读，在不同阶段侧重点不同，并且阅读方法和工作后的成年人有很大区别。

不爱学习时，先关注情感联结

对于很多正在准备升学考试的学生而言，学会分辨好书和学会阅读的技巧固然重要，但提高学习的兴趣更为关键。有些学生家长特别发愁地问我，怎么才能让孩子爱学习、主动学习，因为他们总感觉孩子学习时需要盯着和催促，从不会主动学习。

其实，这不一定是孩子不爱学习，很可能是在情感联结上出了问题。比如，一种是关于学科的情感联结，如果孩子不喜欢这个学科的老师，那他对这个科目的学习可能就会很吃力，很难有主动学习的热情；一种是关于家庭的情感联结，如果这方面出现问题，那么就会让他找不到安全感和价值感，难以集中注意力学习；还有一种是关于学校的情感联结，如果孩子不被老师信任、不被同学接纳，就很容易厌学甚至萌发辍学的冲动。

我在上学时也多次冒出过"不想学了"的念头，尤其是在高二的时候，一度破罐子破摔，在班里各种捣乱，让班主任和同学很反感。那时候，我心如死灰，觉得无论怎么努力学习成绩都上不去，加上大家都不喜欢我，我便只想得过且过。

那时候，我爸爸几乎不在家，我妈妈在私立学校当班主任，每天都特别害怕被家长投诉而失去工作，所以特别忙，基本没有精力管我。在实验班，我成绩下滑得厉害，老师也没有精力和心情管我，再加上自己又不会和同学相处，所以越来越不爱学习，直到进入大学，才重新对学习产生兴趣。

我花了很长时间才走出这段阴霾，为此付出了巨大的代价，自己也曾深深后悔过。但反复回看这段经历，我研究出了一套快速走出来的方法。

第一，写成功日记。

我在高二那年接触了《小狗钱钱》，书里介绍了写成功日记的方法——通过每天记录一些小事来积累自信。这个方法支撑着我没有彻底放弃学习，坚持读完了高中。即便学理科的我，数理化生都不好，我还是硬靠语文和英语在高考时考了 500 多分，虽然那一年，这个分数只能上专科。在专升本的过程中，成功日记依然发挥了不小的作用。毕业后，我从小助理做起，一干就是 10 年，直到辞职创业。在那些日子里，成功日记也常常陪伴我左右。非常感谢这个小工具，让我看到自己并不是一无是处，让我看到了自己的价值，我真的可以通过慢慢积累走到实现梦想的那一天。

第二，看人物传记。

在不想学习的那段时间，我看过好几本人物传记，海伦·凯勒对我的影响最大。让我印象最深的，并不是她多么坚强、不服输，而是她在被很多人误会的那段时间，内心虽然很痛苦，却坚强地扛了过来。我深受触动，觉得自己不应该过分在意别人怎么看我，他们误会我又能怎么样？我的日子是过给自己看的，与他人无关。直到现在，我都非常感谢海伦·凯勒，要不是年少时读了这本书，我还真的无法活得这么洒脱。

因此，我还是非常推荐看人物传记的，而且我觉得不应该限制范围，不管是明星还是名人，很多人的成长经历都能给我们带来启发。有时候，读完一本书会找到一个榜样；有时候，读完一本书可能会找到一个想超越的对象。但不管怎样，看人物传记能弥补缺失的情感联结，让人不那么"心如死灰"。

第三，看励志成长书。

很多人把这类书当作"鸡汤书"，我就是在自己最不爱学习的时候，从这类"鸡汤"中汲取到了营养。孩子不爱学习，其实并不可

阅读是富养自己最好的方式

怕,真正可怕的,是孩子丧失了奋斗的动力,想要"躺平"。励志成长类的书看起来似乎缺乏干货,但往往可以以"奋斗"为名,让不怎么爱读书的孩子,不会彻底丧失生活的希望,对未来依然保持期待。

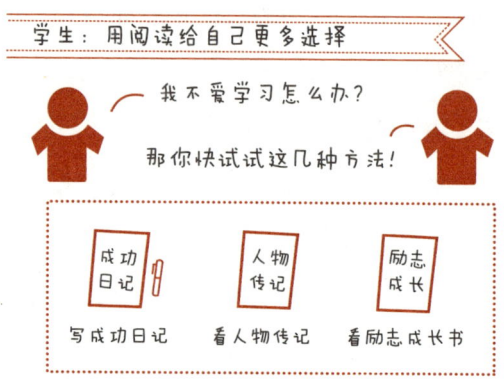

我成绩很差的时候,读过很多这种类型的书,读完我会思考,虽然我不擅长学习数理化生,但我只有先上大学,才有机会选择我喜欢的专业,做我喜欢的事。虽然我当时也不知道读完之后到底能干什么,但我知道至少比我目前能想到的路要宽。

对于不想学习的孩子,家长可能看着很生气、很着急,但事实上,这样的孩子才是最可怜的。不理解的话,可以想象一下,孩子在教室里从早坐到晚,没有一节课是听得懂的,没有几道题是做得出来的,他不捣乱已经是拼命在控制自己了,老师、家长还让他假装去学,他怎么能不痛苦呢?

不爱学习不是罪。希望我前面分享的方法能对大家有所启发。

/ 第二章 /
不同人群如何用阅读富养自己

想学习，但效果不理想

作为老师，我妈妈已有 30 多年的教龄了，我问她带哪种学生最费心力？她说是那种想学习但学习效果不理想的学生，这意味着老师要花更多的时间、耐心，寻求更多的方法，才能看到效果。我在读初三之前，其实都是这样的学生，想学习，成绩却一直上不去，直到我妈妈成为我的初三班主任后，我一下子就稳住了全校前三的成绩。她是怎么训练我的呢？

第一，提升阅读能力。

我妈妈常说，要想提高各科成绩，必须先提升阅读理解能力。比如，数学学不好，其实往往不是不会计算，而是题目没读懂，没弄清楚题中的逻辑，找不到要点。

要想提升孩子的阅读能力，得让孩子学会自己讲。我妈妈曾经写过一篇论文，专门讨论如何提高小学生"说"的能力。她做了大量的相关实践研究，论证了孩子"说"的能力提高之后，阅读能力也会增强。如果将其运用到各个科目上，就是不仅要把概念、定理、性质和公式背下来，还要能用自己的话复述出来，这才能算理解，遇到各种题型才能不慌。平时做完题还需要练习讲题，包括解释分析题干、讲述解题的思路、求解过程以及最后得出的答案。其实，这个方法到了中学、大学依然奏效。尤其是题目不会做的时候，可以尝试自己讲一遍题目的大概意思。有时候讲着讲着，就知道这个题目怎么去做了。

第二，研究学习方法。

读书越多，我越发现，自己学生时代的学习方法错得离谱，成绩总上不去，那是必然的结果。想要学会对的学习方法，要么遇到一个擅长总结学习方法的老师，要么认识一些学霸朋友，如果老师和朋友都没有的话，就只能读一些有关学习方法的书了。

我妈妈是我初三时的数学老师，在她教我之前，我的数学只得八九十分，从没得过满分。我妈妈教我之后，我几乎次次得满分。她教初中如此，教小学就更厉害了。她教六年级的时候，基础差的班级，平均分能到90分多一点；基础好的班级，平均分能达到98分。这样的老师，很多学生有可能一辈子都遇不到一个，跟着他们学，我们才知道，原来数学还能这样学。

一般来说，学霸同学比较好遇到。他们就是那种能轻松解决令我想破头的问题、能举一反三且学习效率极高的人。只要能和这样的学霸成为好朋友，他们就能带我们提升学习成绩。当然，学霸的时间很有限，给我们留的时间寥寥无几，我们还是要自己多研究学习方法。

我就是在读了一些学习方法的书之后，才明白自己为什么高考失利，因为我的学习方法错了。但悔之晚矣，我只能安慰自己，我当不了学霸，但可以当学霸的妈妈，因此，我一直很关注学习方法类的书，比如有关记忆力、理解力、快速阅读、学科学习的书。看完之后发现，高招之后还有高招，省力的学习方法居然有那么多。

第二章
不同人群如何用阅读富养自己

我特别希望家长们多读读学习方法类的书，无论是对孩子还是对自己都特别有帮助。现在孩子学的东西，远难于我们当年，知识体量也远大于我们当年。他们的痛苦之多难以想象。虽说学习是孩子的责任，但我们要多站在他们的角度感受学习的辛苦，除了心疼他们，我们能做的就是让他们接触并使用更有效的学习方法，减轻学习烦恼。指望他们自己去钻研、消化好的方法太慢了，大人看得快、接受能力强，看完之后多给孩子讲讲，这更加有用。

第三，学会减轻精神内耗。

一个人在成长的过程中，会有很多孤独时刻。你可能会遇到很多父母不懂也不理解的问题，很难找到这些问题的答案，也接触不到能给出答案的人，比如不知道为了什么要努力升学考试，不确定自己考大学、考研或者考公之后，将来能否过上自己想要的生活。这时，你就很可能出现精神内耗，也就是越想越想不明白，越想脑子越乱，心情很差。不管是哪个年级、怎样的学习水平，这种状态都避免不了。

所以我经常推荐学生手边常备几本舒缓心情的书，比如《停止你的内在战争》《减压思维》《情绪价值》等，以缓解自己在学习过程中的迷茫和焦虑，及时释放内心的负担。不夸张地说，这些心理类的书籍有益于所有人。很多心理类的书籍之所以畅销，也是因为书中讨论了我们遇到的常见问题，并给出了相关建议或者疏导方法。

阅读是富养自己最好的方式

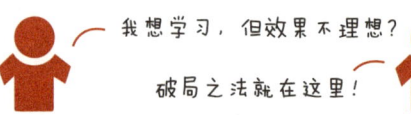

学生：用阅读给自己更多选择

我想学习，但效果不理想？
破局之法就在这里！

提升阅读能力
研究学习方法
学会减轻精神内耗

大学时，开始功利型阅读

我始终认为，一个人在可以自由选择读什么书的时候，应该选择功利型阅读，对于大学生尤其如此。很多人对此不认可，认为阅读不应该有所图。但是，如果一个大学生不会利用阅读解决问题和烦恼，那他的学习能力可能不足以应对未来复杂的职场问题。

我之所以不推荐大学生随意选择图书阅读，是因为大多数大学生的经济条件不佳。他们可能面临着生活费紧张、就业难的现实问题，没有充分的时间允许自己享受生活，所以必须边读书边为就业做准备。因此，我更提倡大学生功利型阅读，也就是带着目标去读书，侧重于向阅读要结果。比如，压力大时，就用书去疗愈；经济紧张时，就用书去赚钱；找不到方向时，就用书解决迷茫；成绩不好时，就借

第二章
不同人群如何用阅读富养自己

鉴书中的学习方法提升成绩，等等。

阅读如果没有任何目的，很容易陷入为了读而读的陷阱，也会因为读不完整本书而感到自责。慢慢地，会越来越不爱阅读。

功利型阅读，可以解决大学生不太爱阅读的问题。比如，可以通过与实用方法有关的书辅助写论文、实习和工作；用文学、传记、历史等经验见识类书籍开阔眼界，获得榜样力量。在这样的阅读过程中，我们不会因为没读完整本书而有压力，也不会因为读完整本书很有触动但又不会表达而感到烦恼，反而会为自己记住了一句话、一个方法而开心。当你找到了这本书的"用处"时，你就会变得快乐，觉得阅读是很实用的。

大学生选择实用的书需要技巧。很多在校大学生难以确定自己的一技之长，不知道多学点什么将来好找工作。我的建议是，可以先侧重通用技能和经验见识的书，掌握一些很多岗位都适用的技能。比如，时间管理、目标管理、框架思维、逻辑能力、人际交往与沟通，等等，通过主题阅读的形式提升通用技能。主题阅读就是一个月集中读一个主题的书，读4~15本。

如果想培养自己的一技之长，但又不喜欢自己的专业课，你可以搜搜喜欢的课有哪些书，读一读感受一下。如果还有富余时间，你可以读名人传记、历史书，增加经验见识，但阅读时长不要超过总阅读时长的20%，大多数时间还是要先用来读技能提升类的书。

阅读记不记笔记，对于大学生来说，这并不是最重要的。最重要的是，现在很多学生的阅读量不够大，提升技能的书一年也看不了50

本，遇到问题时缺少"用书解决"的能力，在"搜书—消化—解决问题"上比较薄弱。所以先读，别纠结读的形式，阅读应侧重"应用"，也就是构想书里的方法在哪些场景下可以用、怎么用。

阅读的功利型目的，也许此刻并不能被认同。但我想说，我们走过的所有自己讨厌的功利的路，就是为了将来能有更多的时间，可以每天过得一点儿也不功利。

职业读书人：借读书打造财富密码

自从我的第一本书《如何有效阅读一本书》上市后，很多人了解到职业读书人这份职业，都想问：我能不能做？

所谓职业读书人，就是以书谋生的人，包括书评人、讲书人、读书博主、读书会主理人、拆书课的课程讲师，等等。

职业读书人的必备技能

第一项技能：拆解书的能力。

拆书能力指的是不仅要会总结概括书中的内容，更要学会把书中的内容内化并应用，最好能够结合不同场景"花式"应用。

第二项技能：了解平台规则的能力。

你不一定要去所有的自媒体平台创作，但是要知道每个平台的规则，只有这样才能选择一个最适合自己的平台。否则，数据不好，你就很难坚持更新，更别提持续用心更新。这样一来，想用读书倒逼自己成长的梦想就很难守住了。

我见过很多喜欢读书的人，自媒体做得一塌糊涂。他们经常信心满满地发布了作品，却得不到几个人点赞，粉丝量也很难上涨。时间长了，他们会很痛苦，觉得很难找到"识货"的人。其实，这是因为他们对平台规则不够了解，如果发一篇干货满满的 5000 字文章，那注定数据一般，无论在哪个平台都一样。但如果改成录音，做成一个 15 分钟的小课，或是提炼 500 字发小红书、微博、抖音，那阅读量或播放量可能是另一个数字。

第三项技能：要有复利思维，即"一鱼多吃"的能力。

比如，我们看一本书，既可以写读书笔记，也可以再改成书评、荐书稿、讲书课稿、社群领读稿等，学会复利式输出，从而充分实现对书的复利应用，这是一个以读书为生的人必须去思考的问题。

除了写稿，我推荐每个人尝试视频讲书或者直播讲书。不要担心自己讲不好，也不要担心自己讲的内容没人听，只要你有一个想法，就能激发行动，只有行动了，才能收获结果，哪怕结果不理想，我们也还可以优化，但首先就是要敢想。就像我的很多学员那样，他们一开始录视频、开直播很少有人看，但他们通过不断地优化和思考，慢慢找到了方向，知道了讲什么内容是受众更爱听的，逐渐将账号做了起来。

第二章
不同人群如何用阅读富养自己

第四项技能：商业变现的思维。

我身边有很多读书人不会变现，这主要是因为他们很少看与变现相关的书，根本不知道变现路径，甚至有些排斥为了变现要去做的事。但我的观点是，作为一个真正的读书人，变现后可以帮助更多的人。就像我的一个学员，她做了一段时间宝妈读书群，纯公益分享，结果半年后就做不下去了。虽然知道这件事很有意义，但由于没有任何收入，她停止了读书群的运营。

后来，我给她设计了一个简单方案，让她直接发朋友圈告诉大家读书群要收费了，一个月多少钱、一个季度多少钱，但不收年会员，只做短期读书群，争取在短期内带着大家看到自己读书后的变化，这样就会有人复购。用这个简单的方案，她最初的招生人数不多，但是比她自己预想的收益要多很多，甚至有人直接买了季度会员，这让她特别惊讶。有了收入，家里人也就不再反对了，她可以更加用心地管理好社群，现在，她的读书群已经有了稳定收益。她在全职带娃的同时，不仅有了比较满意的收入，更有了一份自己热爱的事业。

通过这个例子，我们看到，读书人的商业变现思维并不是很难培养。第一，学会抓痛点，也就是对大多数人想解决的问题要多留心，有需求、有痛点的事情就有商机。第二，要有一个付费入口，无论是做读书账号、读书会，还是做其他和书相关的事情，都要有一个付费入口，这样别人才有机会向你付费。至于怎样定价、提供什么服务、帮助用户实现哪些目标，这些可以慢慢来。虽然过程中肯定会遇到困难，但这条路已经有很多人走过了，我们照着前人的路走就行了，现在开始并不晚。

职业读书人的炼成方法

想要成为职业读书人，要遵循一定的方法。

第一步，拥有一个读书账号。

无论选择从哪个平台开始，都要先有一个账号，这样就有了内容输出的渠道。你可以在个人账号里发读书感想，也可以分享自己读过的书；可以自由选择在什么时间发、以什么样的形式发、多久发一次。

做账号的目的不同，发布内容不同。如果你是为了督促自己多读书，可以一周更新2篇图文作品，一篇读书感悟、一篇读书笔记摘录；如果是想做个副业，想在账号里卖书取得收入，就要关注平台规则和涨粉规律，多拆解点赞量过万的爆款选题，多分析最近比较火的书是什么；如果是为了打造个人品牌做账号，也想做自己的课程、读书会，这是个系统工程，可以梳理一下路径再下手。

第二步，账号差异化。

包括人设差异、图文排版差异、文字风格差异。人设差异往往体现在身份角色（宝妈、老师、护士……）方面；图文排版差异可以通过自己实拍图片完成；文字风格差异可以通过内容选题和文字风格来实现。

第三步，开始讲书。

不要只停留在自己读书的阶段，也要试着讲书，用图文、音频、视频、线下任意方便的方式讲书。你可以从 1 分钟讲书稿开始练习，用 260 字总结一本书"值得一看的理由"。下一步再试着去录成视频，或者在直播间讲书。先不要去管这件事能不能涨粉、赚不赚钱，讲书是为了让更多好书被看见，让不会选书的人更容易选择这些好书。

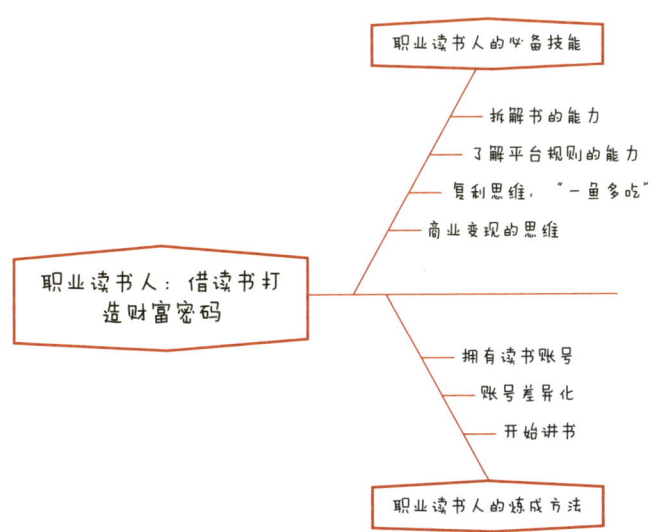

阅读是富养自己最好的方式

职业读书人的财富密码

职业读书人的财富密码其实不难找，就是"利他"。职业读书人身上往往有一股劲儿，一种因读书而向上的拼劲、韧劲，这股劲儿来自利他心理。比如，我们做了一个读书账号，想多卖书多涨粉，那就要想想，大家为什么关注我们，在我们这里买书能帮他什么？省钱、省事，还是省时间？如果你想帮他省钱，可以发一些与财富相关的选题；想帮他省时省事，可以把一些资料、书单整理好，让他不用再去自己找。总之，如果你想要获取财富密码，就要先利他才能最终利己，多考虑他人的需求、痛点，少说"我想……"。我们是谁不重要，可能付费的人对什么感兴趣才重要。

做读书群时也是如此，有的社群除了抢红包、分享资料，就没人说话了，导致很快就会做不下去。但我的学员做读书群，常常是一期接着一期。为什么差别这么大？因为"利他"的读书群是从大家的痛点出发去选书，再发挥自己拆解书的能力，把书中对应的方法解读出来，最后落实在行动上的。这样的读书群，不只带大家看书，还会带着大家行动，践行书中的方法。而其他读书群是群主找本自己喜欢的书，或者比较火的书，带着大家一起读书打卡。这样，大家最后容易陷入为了打卡而打卡的境地，做读书群的人不快乐，参与的人也非常焦虑。

那怎样才能"利他"呢？我们要学会找到共鸣，去真切感受大家的痛苦，并努力想尽一切办法帮助大家缓解痛苦。比如，大量阅读找到对应的书，再解读书中的方法，让大家更好地理解书中的内容，最后再带着大家一起行动，慢慢消解痛苦。

职业读书人的财富密码就在这条路径里：从找到痛点到产生共鸣再到共同行动。职业读书人不仅是好书的传播者，更应该是读书的践行者。

高效阅读的方法,就是富养自己的道法术器!

第三章

做好 6 件事，轻松做到高效阅读

做好时间管理,高效阅读

经常有人问我,到底是怎么做到每天那么忙,还能读那么多书的?其实,读书多是有秘籍的,大家也可以做到。很多人在遇到我之前,一年的阅读量不超过 4 本书,但用了我的这套方法后,一个月就能读完 4 本书。

找到自己的大目标

所谓大目标,就是最想实现的目标,今年这个目标不实现,就会非常遗憾。我每年都会给自己定 3 个大目标,比如个人成长方面、育儿方面、财富积累方面,再通过读书的方式,找到实现这些目标对应的方法。

第三章
做好6件事，轻松做到高效阅读

大目标最好不超过3个，每年年底写好下一年的3个大目标，我把它称为"三盆花"。你在这一年读的所有书、接触到的人、学到的技能，就像阳光、水、肥料一样，可以滋养这"三盆花"，而且不需要规定你的花在每天、每个月长到什么地步，只要这一年它能发芽，长成小苗苗就很好了。万一能开出一朵很好的花，那便是意外惊喜。

在这一年中，我读的每一本书都与这"三盆花"有关，因此，我不会再盲目选书，看书特别有针对性，读得多，吸收得也更好。关注自己的大目标是我的核心原则，也是衡量我所有行动的准则之一。

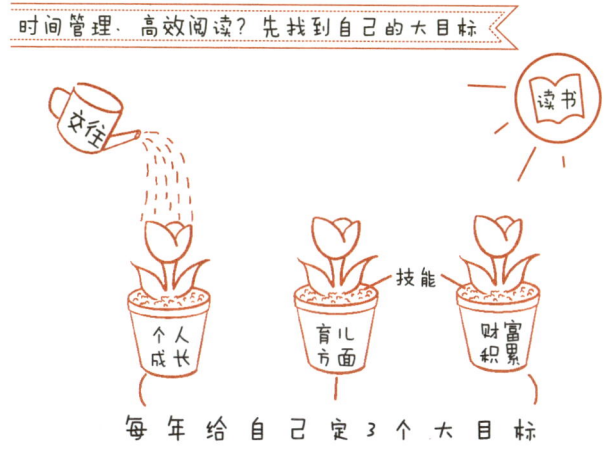

及时处理自己的情绪问题

情绪稳定、不内耗,对读书效率影响很大。很多人读书效率低和情绪有很大关系。比如,工作上的压力没有朋友可以倾诉,爱人又不理解,就可能导致自己积累的很多情绪问题长期得不到纾解,看书时就会很浮躁,经常想看书但又看不进去。

我自己就是这样。我在怀孕和产后那几年,每天情绪都不好,根本读不进去书,成长也很慢,每天自怨自艾,还容易和别人起冲突。没人喜欢和情绪不稳定的人在一起,谁也不想被坏情绪影响。

情绪管理方面,我读了很多心理学和心灵疗愈类的书,真的有舒缓作用。另外,我还专门去找中医调理了睡眠问题,喝中药、扎针,一边苦着、疼着,一边盼着自己能睡个好觉,最终确实有效果。

我把这两个方法分享给了很多朋友,他们调理完也说自己的情绪稳定多了,整个人的状态也好了起来,工作效率也跟着提高了。

系统地管理精力

除了目标管理和情绪管理,我们还要学会系统地管理自己的精力。

第三章
做好6件事,轻松做到高效阅读

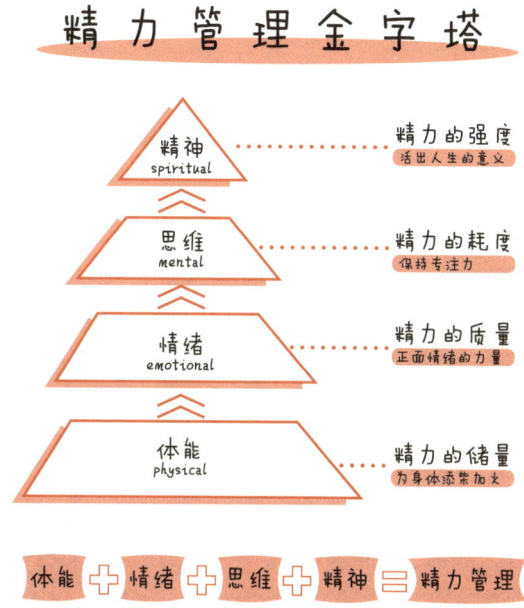

高效阅读,你需要系统管理精力

2020年我开始创业后,睡眠长期不好。尤其是晚上下播后,大脑无法从直播时那种高度兴奋的状态走出来,再加上一直在想直播数据等问题,导致我经常好几个小时后还无法入睡,或者睡着了跟没睡一样,因此,白天读书时就特别困。

精力管理不仅包括管理读书犯困的问题,还包括管理想读没心情、读了但理解不了、记不住的问题。

表 3-1 精力分类对应的读书问题

精力分类	读书问题
体能精力（体力）	读书犯困
情绪精力（心力）	读不进去
思维精力（脑力）	读不懂、读得慢
精神	读完没收获

比如，每天晚上都想读书，但是怎么也读不进去，可能是什么原因呢？

（1）太累了，忙了一天，腰疼、颈椎疼，只想躺着——这叫体力不足；

（2）今天发生了某件事，心里堵得慌、难过、焦虑——这叫心力不足；

（3）书太难懂了，超过自己的理解能力——这叫脑力不足；

（4）家里都快揭不开锅了，读书能让我吃饱饭吗——这叫精神方面不够认可读书的意义。

想要多读书、读完有收获，必须随时知道自己看书时的精力如何，在不同精力状态下选择不同类型的书。

表 3-2 精力状态对应的读书类型

精力状态	读书类型	举例
有脑力	费脑力的书	必须读的书，工作/育儿/成长
有体力、心力	不太费脑力的书	提升技能或开阔眼界的书
精力值很低	治愈类的书	大众心理学、治愈系漫画书

/ 第三章 /
做好 6 件事，轻松做到高效阅读

成年人很难等到精力充沛时再读书，一定要学会在精力不济时也能读得进去。在精力一般的时候，你可以选择提升技能或开阔眼界的书；如果精力值很低，不妨看看治愈类的心理学书或者治愈系漫画书。

如果想持续阅读，最好的阅读时间是早上，因为这个时间段没人打扰。我是极不建议晚上 10 点以后读书的，首先，灯光不好，长期在不太好的灯光下阅读，对视力极其不好；其次，晚上读书很难不犯困，即便越读越精神，第二天也恐怕很难早起，无法保证白天的工作状态。所以，还是要调整作息，专门留出来早起阅读的时间。清晨阅读，有天然的白噪声，容易沉浸式阅读。

我能做到持续早起，主要受我妈妈影响。小时候放假，我妈妈从不喊我起床。但是无论我几点起，我妈妈都已经在看书了。夏天她在院子里，坐在马扎上背书；冬天，她坐在我家吃饭的圆桌旁看书、写教案、批改试题。

我每天早起，只会发生两种情况：一是我妈妈去学校了，二是我妈妈在看书，弄得我不起床读书都觉得很难受，可能这就是"身教胜于言教"的意义。哪怕我不是真的想读书，至少我不敢大声玩吵到她，甚至玩的时候会有很强的负罪感。所以，我玩一会儿就会找本书在一边看。最初可能只是摆出看书的动作，可是看着看着就真看进去了。

除了关注自己的精力高峰期，还要非常注重休息。我以前不懂，总担心不趁着自己精力值高的时候赶紧工作，等下就没精力了，结果因为持续工作反而让精力值下降得更快。后来我读了《番茄工作法》，书中说要用"25分钟和5分钟"的节奏进行工作和休息，工作时要保持专注，不能间断，而休息的时候要完全休息，彻底不想工作的事情，而且每4个"25分钟和5分钟"之后，还要休息15~30分钟。

我刚开始觉得，这样做岂不是总被打断，刚有点儿劲头，就要休息。后来，我持续用了一段时间，发现一天的变化不明显，但从一周、一个月来看，效率的确提高很多。

我真的非常希望大家多研究一下精力管理问题，尤其是总觉得自己时间不够用的人，不仅没时间阅读，可能也没时间做其他自己想做的事。

用好日程表

所谓日程表，我们可以简单地理解为日历，用于标注"约出去的时间"，比如哪天要开会、哪天要考试、哪天要陪孩子过生日，等等。使用日程表可以让人更直观地看到时间的流逝。

我是一个比较注重使用日程表的人，经常会用台历、挂历标上写书截止日期、做课截止日期、直播连麦时间、外出上课时间、办读书会活动时间，等等。写上这些有几个好处。

第一，不会忘、不会时间冲突、不用大脑记。

第二，可以看到自己是否紧密围绕大目标努力，避免自己盲目努力而没有成绩。

第三，提前写上目标结果，比如在什么时间完成一个什么样的阅读结果，这样不用管过程中是否每天看书，只要到那天完成那个结果，用什么节奏阅读都可以。

第四，方便复盘。自己到底都干了什么，日程表里写得很清楚。

管理好碎片时间

你认为一定要找个整块时间或者特意在书桌前，又或者要在某个安静的地方，才能看书吗？当今这个时代，想满足任何一个条件，其实都很困难。我们可用的大部分阅读时间是碎片时间。所以，想看书的时候，随手拿起来看就好，不必去找专门的时间和专门的场地。如果非要找仪式感，反而会减少看书的次数。

在碎片时间里，怎么阅读更高效呢？你可以建立一个碎片时间阅读清单，就是在不同的时间段、不同场景下，看什么书，用什么方式看书。

比如，上班路上看提升专业技能的书，下班路上看开阔视野的书。孩子写作业、看书时，家长可以在边上看书。孩子睡了自己又睡不着，看治愈类的书，等等。像这样做一张自己的专属"碎片时间阅读清单"，结合精力值挑选书的类型。

表 3-3 碎片时间阅读清单

时间段	场景	书的类型	书单	读书方式
6:00—7:00	清晨早起	认知提升类 专业技能提升类		纸质书
8:00—9:00	上班路上	经验见识类		电子书
20:00—20:30	下班路上	经验见识类		电子书
21:30—21:45	睡前	治愈类		电子书

规划自己的碎片时间,哪怕不能做到在每个规划好的时段都看书,也可以增加翻开书的次数。每天能有 1~2 小时的碎片时间用在看书上,就已经很好了。

利用这五个方法,你一年的阅读总量会有很大提升,而且阅读效果也会有所提高。

读书易走神怎么办

你读书时会走神吗?有没有发现自己读书效率不高?其实这些问题都很好解决。

先接纳会走神这件事

每个人读书都会走神,我也会。只是有人走神时间短,一发现自己走神,能很快集中注意力,而大多数人无法快速捕捉自己走神的信号,走神很久才能发现。

走神是件很正常的事。小时候我是个极不专注的人,上自习课,大家都在认真学习,只有我的心思放在老师通过哪扇窗户观察我们,而且总能敏锐地捕捉到。上大学后，我还是这样。和同学们一起去自习室看书，我一会儿觉得脖子疼了，晃晃脖子，一会儿觉得坐着累，要出去溜达一圈。对那些"稳如泰山"的同学，我真的很好奇，想知道他们是怎么做到的。我还特意去问了一些同学，才知道，他们只是坐得住，半天过去也没看进去多少书。看来，读书走神这件事，几乎人人都有。

我们为什么会走神呢？总结一下，基本可以分为两种情况。

第一种是外在干扰。

比如，听到楼下有动静，好奇发生了什么事情；或者看书时手机弹出消息通知，忍不住想点开；等等。面对这种干扰，有的人能清晰地判断"与我无关""无关紧要"，但有的人和我一样，好奇心特别重，得立刻查看。

第二种是内生干扰。

比如，看书时突然想起一件不开心的事，或者一件让自己忧虑的事，于是思绪开始天马行空地飘，飘了好久自己都不知道，这种情况可能大家都有过。

当然，无论哪种类型的走神，对阅读效率都会有影响。在想办法提高专注力之前，先要接纳自己，人人都会走神这种情况极其正常。

心理学上有句话，叫看见即疗愈。只有接纳自己的不足，直面自己的问题，才能真正地解决问题。

/ 第三章 /
做好 6 件事，轻松做到高效阅读

两张 A4 纸，让阅读更专注

如果读书时走神主要来自外在干扰，那就试试"离家出走式"读书，只要不在家，看书的速度就很容易提上去。而对于内生干扰，我推荐使用"两张 A4 纸阅读法"，在我的第一本书《如何有效阅读一本书》中，有非常详细的使用技巧。

这次，我们从专注力的角度，讲一讲它该如何使用。首先准备两张 A4 纸，把走神时想到的一切杂念和事情写在第一张 A4 纸上。不要怕写得多、写得乱，纸上写得越多、越乱，脑子就越清楚。接着拿出第二张 A4 纸，写上"错过的都不值 100 万"。用这张纸挡住看过的部分，一旦走神，或者想要翻回去看书的时候，"错过的都不值 100 万"这几个字就会起到警醒暗示的作用，告诉我们错过的人生、做不好的事情、看过的那些文字，一切都不值 100 万元，它们不值得不停地回望，只要继续往下看就好。

"两张 A4 纸阅读法"我用了很久，每次看书走神的时候，我就把它拿出来用。当然，在不断使用的过程中，这个方法也经历了多次迭代。

刚毕业时，我总是很在意别人的评价，看书时常常因为突然想起某个人对我的评价而走神，为了逼迫自己集中精神，我在书桌上贴了一张小纸条，"别人说的话和我没有任何关系"。

后来我搬家，小纸条没了，我就拿了张 A4 纸，裁成和书一样的大小，写了句"错过的都不值 100 万"，因为那时候我特别想赚 100 万元用来买房，所以我就写了这句话。后来我在无意间把这个方法分享出去后，很多人都觉得有效果，所以在继续应用和传播的过程中，它被慢慢地固化下来，成了解决阅读专注力的方法。

读完就忘怎么办

读书的最大苦恼莫过于好不容易看了，结果转眼就忘了。如果有人问，书中有什么精彩的内容？你很可能只记得书名，而书中具体讲了什么，一概记不清了，更是完全讲不出来。

读完就忘，真的是因为记忆力下降吗

不少人怀疑，是不是因为自己年纪大了，记忆力不好，所以读完总记不住。其实，小孩看完书，你问他都看了什么，他也说不出来。这和年龄关系不大，关键是读书时有没有触动。

阅读是富养自己最好的方式

比如,你看完某段文字感动得流眼泪,那这辈子都不会忘记读了这本书。或者,你读了一本书,发现书中的句子很扎心,觉得说的就是自己,那也会有印象。最令人记不住的书就是,说得都挺有道理,但好像和我没什么关系,我联想不到什么事情,也不知道书里的方法怎么用在自己身上。大多数的书,其实都是这样的,那该怎么记呢?

应用是最有效的阅读记忆法

想要记住书中的内容,必须去应用。比如,应用于现实问题,在工作、生活、育儿方面,有什么用;又如,应用于某一人群,对自己、朋友、家人有什么用。

表 3-4 阅读应用表

内容关键词	页码	应用于谁	解决哪些问题

你还可以准备一份阅读输出清单,可以边阅读边填写,只记录关键词和页码就好,不必摘抄细节。比如,怎么发账号、书评、做读书会、拆书做课……想的应用领域越多,尝试应用的次数越多,你越能记得住。

表 3-5　阅读输出清单

书名:《　　　》作者:			
账号输出	书评	读书会选题	拆书成课

这两张表使用一两个月,你基本可以实现在看书过程中自动应用。我现在阅读只在边上打标记,已经不需要图表了。一边读一边把应用点写在书上,更加方便。

读书太慢怎么办

很多人觉得自己读书慢,出现这个问题有很多原因。有的人是因为扫字的速度慢,可以参照《如何阅读:一个已被证实的低投入高回报的学习方法》这本书中的方法去训练;有的人是觉得书要一本一本读,读完一本才能读下一本,导致整体的阅读速度很慢,一年也读不了几本书。这类人需要改变自己的阅读方法。

下面,我给大家分享一个一周能读 4 本书的方法。

读书前:带着问题选书

想要快速阅读,前提是选对书,而不是单纯看这本书好不好。所谓"对"的书,就是能解决困扰自己的问题、满足自身需求的书。选

第三章
做好6件事，轻松做到高效阅读

书的时候认真选，读的时候自然更有阅读效果。

大多数人的问题恰恰在于，选书时很盲目，读书时发现根本读不动，导致一本书都很难读完，又怎么可能多读书呢？==读书慢的根本原因，不是阅读能力差，而是这本书没有匹配自己的需求点。==

平时，我在选书上会花很长时间，有时候挑几本书要用半小时到一个时，甚至更久，等到看书的时候就轻松多了，有时候半小时到一小时，这本书就看完了。当然，我说的看完，并不是逐字看完，而是找到我需要的答案了。这个时候，这本书就可以收起来了，等之后又有新问题时，再拿出来看。

我是怎么选书的呢？主要用电子书软件搜索困扰我的问题的关键词，搜出的结果里不仅有很多书，还能直接跳到和这个词相关的章节，这样我就能直奔阅读目标去读书。如果内容还可以，解决了自己的问题，那这本书就算看完了，其他章节可以先不看。如果发现作者写得特别好，想细致研究、反复阅读，那就把书买回来。

刚开始搜的时候，一定要保持耐心，这本不行，再看下一本。有一定的阅读量后，我们会对一些出版社和作者有印象，大体知道他们的书质量如何，在筛选的时候，速度就会相对快一些。

很多人都没有我这样的选书习惯，遇到问题总是希望别人推荐书单，怕自己选不好，买到不好的书。其实大可不必，买书就和买衣服一样，越不会越得练，那些穿衣搭配很好看的人，不是天生的衣架子，而是买过很多次错的、不合适的衣服之后才慢慢练出来的。

读书中：提取内容要点

大多数人看书，和我的方法是反着来的。通常是买一本书回来，在阅读目标不明确的情况下，想通过努力看书督促自己，得到更好的阅读效果。最后发现，自己真的读不进去。读得特别慢，效率特别低。

为什么速度很难提上来？因为阅读目标不清晰，读到哪里都觉得好，关注的信息多了，理解负担随之增加，消化得慢，阅读速度就更慢了。所以，我一直建议大家，先明确阅读目标，比如为了解决某个工作问题，某个育儿烦恼，等等。

当然，我也遇到很多人会和我说："小钱老师，我就是没有明确的目标，我就是很迷茫，我看书的目的就是希望给自己一些启发。这时候，该怎么提取书的要点呢？"

对于这样的阅读需求，我是这么做的。

第一，重点看大小标题、图标和加粗部分。

一般来说，书的排版再简单，也会把内容要点特别标注一下，看这部分内容就能把握住要点。

第二，注意一些刷新认知的观点。

比如，很多作者都喜欢用"不是……而是……"的句式，来揭示一个被我们忽略的真相，告诉我们某个问题的本质是什么，刷新我们固有的认知，或者作者直接提出某种全新的概念，我们过去从没有听过。

第三章
做好 6 件事，轻松做到高效阅读

读书太慢怎么办？

快速提取内容要点的能力，不仅看书时需要，在工作生活中，只要想搜问题找答案，都用得上。想要提升这方面的能力，日常读书时可以从三个方面入手。

一是构想一个分享对象。

比如，这本书还能分享给哪些人，他大概多大年纪？可能会喜欢书中哪部分内容？带着这样的猜想去提取书中的内容。

二是拆解书中的内容。

比如，围绕分享对象感兴趣的问题或者他的烦恼进行拆解，把让他有共鸣的、有兴趣的内容挑出来。

三是检查提取内容效果。

假设自己就是那个被分享的人，带着需求和痛点去看，提取出来的内容，你的兴趣大不大，解决痛点问题够不够深度，要做一个基础的判断。

阅读是富养自己最好的方式

你的目标应该是，自己拆解出来的内容能瞬间吸引别人的注意。这种感觉就像你和一个好姐妹一起看电视、嗑瓜子，你说了一句在书上看到的话，她立马就不看电视、不嗑瓜子了，扭过头就和你聊书的内容。有了这种感觉，你提取的要点才是足够有吸引力的。

读书找要点的过程就像黄金矿工在挖矿。总想一铲子下去就能挖到一大块金子，这是很难的。但我们拿着小铲子慢慢挖，多挖几次，挖得深一点，积累起来可能就是一个大金库。

主题阅读五步法，从根本上解决读书少的问题

有一次，我直播连麦，特意邀请了演讲培训师张家瑞老师，专门采访他如何一年读200多本书。那场直播在线停留时长打破了我的历史纪录。大家的好奇心都被激发出来了，万分关切地想知道，一个人每天如此忙碌，怎么还能抽出时间读完200多本书，他有一个机器人的大脑吗？

懂得快速阅读的人很轻松就能给出答案，他主要靠的就是主题阅读法。

所谓主题阅读，是指按照书的类别进行大量阅读。如果你需要搭建知识体系和知识框架，或者想提高某类书的阅读速度，就可以用主题阅读法。例如，将大量时间管理类或沟通类的书集合在一起读。

阅读是富养自己最好的方式

主题阅读的训练可以使用五步法，这个方法我从 2016 年沿用至今。

第一步，确定主题阅读的目标；

第二步，围绕阅读目标和关键问题筛选书单；

第三步，认真阅读书单中的书；

第四步，结合要研究的问题和阅读中的触动点梳理笔记；

第五步，将笔记用合并同类项法整理出来。

这个方法不仅有助于阅读，还是一个解决个人困扰问题的过程。从确定问题是什么，到搜集问题的可能答案，再到筛选整理答案，将答案和现实问题结合起来排序，最后得出的结果就是一套行动操作方案。告诉你可以先怎么做，再怎么做。

掌握这个方法之后，迷茫和不安将基本与你绝缘。因为书里都有现成的答案，只要把书找出来，认真去读，去筛选答案，按照答案做就好了。比如，失恋了应该怎么办？通过主题阅读整理出 100 种处理方法，一定能找到最适合自己的那一种。

新手主题阅读，建议读哪些类型的书

最开始做主题阅读训练，可以聚焦与下面两大类问题有关的书。

第一类是沟通问题。

很多人都深受沟通问题的困扰，我也是其中一员。比如，我和爱人之间的沟通就出现过问题。我有很强的不确定性思维，做事常常心血来潮；我爱人则是程序员思维，做任何事都得提前确定下来，计划若被打乱，他就会很烦躁。

我们两个的性格截然相反，到底是我错了还是他错了？我们的问题应该怎么解决？为了找到答案，我读过很多沟通类的书。

市面上的同类书籍有很多，沟通的方法五花八门，我最终在其中找到了适合自己的解决方案。

第二类是时间管理的问题。

小时候，我的学习成绩一度非常一般，但苦于找不到提升的方法。后来，一位班主任告诉我，要制订自己的学习目标，并根据学习目标制订相应的学习计划。我很认同，于是按照他的方法去做，结果，我的成绩真的有了明显提升。在这之后，我一度对时间管理的主题很感兴趣，因为它确实给予了我很大的帮助。

可是，参加工作后，我就很少读时间管理类的书了，时间管理的知识体系自然相对不完整、不充分。在这样一知半解的情况下，我受邀做了一场时间管理方面的分享会，才发现自己存在的巨大问题。于是，为了弥补短板，我又用主题阅读法读了很多时间管理方面的书。

现在，我被大家看作一个很善于做时间管理的人，在很大程度上得益于我读过的那些书。

对那些刚开始做主题阅读的朋友，我的建议是，可以从一些持续性长的问题入手，比如焦虑和迷茫。从这些问题开始，得来的方法可能一辈子都会有所受益。另外，无论从哪个主题开始切入，都可以先读 4 本同一个主题的书感受一下。读完之后，就能建立对这个主题的感知，那种震撼的体感是非常明显的，会让我们对主题阅读有更加深刻的理解。

主题阅读挑战：一个月读 15 本书

买的书看不完、看不进去、看不懂之类的问题，相信很多人都遇到过，通过主题阅读可以解决这些问题。如果能在一个月内读完某一主题的 15 本书，那么你关于这个主题的阅读速度就已经很快了。

很多人一定会有疑问：过去我一个月都读不完一本书，怎么可能突然具有读完 15 本书的能力？

之所以有这种疑问，是因为他们对主题阅读有所误解。在同一主题下，书的内容是有相似性的。前几本书，也许要全部读完，但读到 5 本左右时，你会发现你好像读过其中一半的内容。再读 2 本，你可能感觉 75% 的内容都看过了。再往后读，你读过的内容越来越多，读不到 15 本，你就已经对这个主题有充分的了解了。

同一主题下的书，只是不同作者对精华部分的不同演绎，把知识掰开、揉碎之后结合了大量的案例再做呈现而已。数量也许很多，但精华内容相差无几。不夸张地说，哪怕把上万本同一主题的书放在一起看，最精华的方法论也不过几页纸而已。

主题阅读能在短时间内把同一个主题下不同作者的内容集结在一起，通过不同作者的各种举例，一些重复出现的知识点可以被更好地理解。此外，不同的人对同一个问题的理解和解决方案是不一样的，主题阅读能帮助我们看到不同的方法。这有助于我们快速进入甚至掌握一个新领域，建立起这个领域的框架体系。

做主题阅读时，看电子书还是纸质书

进行主题阅读时，我特别建议大家优先使用电子书，因为你可以随时随地看。你可以提前下载免费试读的内容，余下的章节再去看纸质书。很多书的精华内容会在试读部分呈现，读完这些，几乎就读完了这本书的精华。

当然，对于一些比较复杂、距自己目前知识体系有点远的书，还是应该买纸质书，便于反复阅读。

当初，我在学习做培训师的时候，读的就都是纸质书。一是因为这些书很少有电子版，二是因为很多内容我很难一遍就看懂，必须反复地阅读。我读与运营相关的书籍时，大部分也是纸质书，因为书里有很多复杂的图，电子书很难看清楚。

像这种比较难懂的书，我建议每个月读 3 本，甚至 1~2 本就足够了。用半年的时间，如果能读完 15 本，就已经很好了。

主题阅读就像在一张地图上游走，地图上有各个省份，每读一本书，就像到了一个地方打卡。我们可以选择同一个地方多去几次，也可以选择先把所有的地方都走一遍。把整张地图全部走完一遍之后，就会对整个版图有更深层次的了解。

合并同类项，归纳提炼关键知识点

我一周能写 4 本书的拆解书稿，手速之快让很多人颇为震惊。虽然这和看书快有关系，但并不是核心关键，关键是我用了高效阅读输出法：合并同类项阅读法。

合并同类项阅读法，本质上是一种笔记整理法。用这种方法，你能将书的精华内容一次性完整归类，并按照常用的输出方式进行排序整理。只需要一次整理，几乎就可以快速提取出写书评、课稿、拆解书稿的内容。

我是怎么研究出这样一套读书方法的呢？最初，是因为我要写一些拆书稿和讲书稿，必须整理书籍。刚开始，我选择用思维导图整理，却发现它只有逻辑体系和精华要点，如果想把一些金句、经典案例、重要知识点都融合在一起，思维导图就不够合适。

所以，我用了我写毕业论文时的方法，把所有用得上的内容都整理在 Word 文档里，然后设置标题，让它自动生成目录。这样一来，我看目录就能得到整个笔记的框架结构。觉得逻辑顺序不合理的地方，我直接调整先后顺序就好，非常方便。后来，有了石墨文档、幕布等软件，操作起来就更加方便了。

另外，写讲书稿需要基于整本书的内容做强逻辑线梳理，可有些书的逻辑实在让人摸不着头脑，可能第一章讲过的观点在第三章、第五章又讲一遍，关键是，内容上有些小差异，没办法直接删除，只能想办法合并整理，最后再基于全书逻辑进行排序。一来二去，我慢慢总结出了合并同类项阅读法。

使用合并同类项阅读法，可以把一些写得比较散的书重新进行整合，将不同章节的知识点串联起来，重新排序。一些让人感觉不怎么好的书，并不是内容不好，而是逻辑比较乱，用合并同类项阅读法重新整理完，就会发现作者的认知还是相当有深度的。

合并同类项阅读法的最大特点是便捷，你可以随时记录、随时整理、随时使用。我们可以在阅读时先随手在书上或者电子书上勾勾画画，再把这些笔记归类整理进一个文档，而不用在读的过程中想任何关于笔记的问题。

合并同类项阅读法的使用步骤

整理笔记的过程,其实很简单。

第一步,整理所有资料。

把书上所有勾勾画画的部分及当时的感受想法,都写在文档里,如果书里字数过多,可以标注相应的页码。

第二步,概括记录的内容。

可以逐段概括,或者几个段落用一个小标题去概括。

第三步,把小标题设置为目录格式。

这样一来,左侧是目录,右侧是记录的内容。

第四步,合并总结小标题。

对相似的内容做删减合并,对主题一致的内容进行合理排序。这样,笔记就从无序变得有序,有了丰富的层次感。当你想从笔记中找资料用于写稿、讲课时,速度会特别快。

合并同类项阅读法还有个神奇妙用,就是在每次重读时可以更新笔记。

前一次读书时,也许你已经写了很多笔记。再次阅读时,你又发现了新的亮点,那就可以直接补充到笔记中。对于那些已经懂了的知识点,你可以在小标题的位置"隐藏"一下,这样一来,这部分内容的正文就看不到了。整个文档呈现出的只有那些还没有透彻理解的内容。

未来的某一天,无论你想使用某本书中的哪一部分内容,直接打开已经整理好的文档,就可以快速检索到书的对应章节甚至页码。

合并同类项阅读法的应用

合并同类项阅读法的应用过程实际上是一个倒推的过程,能把原本一盘散沙的笔记整理成清晰有条理的枝杈,然后把所有枝杈合并在一起,形成一根树干,树干上很可能又会长出新东西。合并同类项阅读法很实用,在读书的过程中应用此种方法有两方面的好处。

第一,对一本书的内容进行逻辑梳理。

很多人主动使用合并同类项阅读法,往往是因为无法忍受一本书缺乏足够的逻辑性。内容明明很精彩,一些实用的东西却分散在各个章节里,读起来让人觉得很割裂,心中难免生出遗憾。没有总结出合并同类项阅读法之前,我一直尝试不同的逻辑梳理方法。有了这个方法之后,我对一本书进行逻辑梳理的速度极大地提高了。

第二,方法类书籍的主题阅读。

我们可以把读过的每一本好书里的精华,以及对它的理解和感受等都整理到文档里,并给内容起标题和排序。尤其在主题阅读的时候这个方法很实用。比如,一些沟通类的书,我们用合并同类项阅读法整理编辑后,将来要用和沟通相关的内容时,直接在文档里搜索关键词就可以了。我写课、写文章很快的原因就在于此。我并不是把素材存在脑子里,而是存在了梳理总结出的笔记文档里。

阅读是富养自己最好的方式

整理完一本书的笔记，需要多长时间

我做讲书人时，讲每一本书都会用到合并同类项阅读法。平均下来，一本书花 12 小时左右的时间，就能整理好全部内容。

内容整理完毕之后，笔记文档可以直接用作一节拆书课的内容，也可以变成一篇上万字的拆书稿和说书稿。如果要写书评和做读书账号，即便保持日更，这个文档也可以用上很久。而且，我用这个方法写的拆书稿，几乎是一稿就能通过的；制作的讲书课也留存率高、留存时间长。也就是说，我用 12 小时整理一本书的读书笔记，换来的几乎可以说是一劳永逸的结果。

我是一个很懒的人，特别不喜欢一遍一遍地改稿子。我很相信"最好的偷懒，是一次做好"这句话，所以会在写读书稿上下功夫。

我很清楚，人的写作能力在短期内是无法快速提升的，所以只能从消化书方面下手。这样算下来，12 小时整理一整本书的读书笔记，其实非常划算。

从本质上说，合并同类项阅读法是一种主题阅读加深度阅读的进阶阅读法。它有利于整理自己阅读时纷乱的思绪，更容易得到阅读心流体验。整理的过程就像在砌一面墙，要把一块块砖砌整齐。但是，过程中不仅不会感觉时间过得很慢，还会开始憧憬，期待把这些砖砌成一面墙后的样子。

第三章
做好6件事,轻松做到高效阅读

12小时,砌一面自己的墙

一步一步,整理笔记

4. 合并同类项……
3. 生成目录……
2. 记录内容……
1. 整理所有资料……

深度阅读,是给灵魂最深度的滋养!

第四章

深度阅读必须掌握的几个方法

如何把一本书从厚读到薄

回想一下读书的过往,你是否有过类似的经历:买了一些书回来,却从未真正读懂过;为了消化一本书,要额外找资料作为帮助;费尽心力读完一本书,却不知道如何运用;等等。

这样的经历我也曾有过。比如,我买了一本知名的商业管理书籍,读完之后却感觉一无所获,仿佛根本没读。我没掌握书的精髓,更无法落地应用。

所以,有很长一段时间,我都很困惑:为什么我很专注地读书,很认真地记笔记,消化能力却如此之差呢?这对我的阅读热情是莫大的打击。

尽管如此,我并没有轻易放弃对高效阅读的追求。后来,经过多年的阅读研究，我终于逐渐明白，如何把书消化理解得更透彻，如何真正地把书"从厚读到薄"。

剔骨式阅读法，初步消化书中内容

阅读的目的是获得启发和感触。有时候，一个概念、一个句子、一个方法，就能起到这个作用。

执着于得到整本书的框架，并不意味着能收获更多，反而有可能因"看不完整本书"而让自己压力倍增。

所谓剔骨式阅读法，就是剔出书中某些内容要点，比如某个概念、某个方法，或者是某个知识点。

剔骨的过程，是在一堆看似繁杂的内容中找要点的过程，就像在乱石堆中寻找美玉一样，将全部精力聚焦在当下阅读的内容上。有要点，提炼出来；没有要点，就跳读、略读。

什么是要点？比如书的亮点、新认知、触动点等。平时读书遇到一些刷新认知、有收获的句子，先画线，再在边上写上看完这句话的感触和对它的理解。

经过这个过程之后，你对书的内容会有进一步的理解。如果你想要更深入地探究，可以组织大家共读。比如，我拿到《财富增长：从0到1000万的财富自由手册》这本书时，感觉自己独立读完可能会花很长时间，所以我就组织了这本书的共读活动，围绕书的内容进行讨论，这比自己一个人读消化得快多了。

复述型阅读法，强化对书的理解

除了剔骨式阅读法，还可以使用复述型阅读法，也就是把一本书里的精华内容复述出来，用自己的语言翻译作者的话。比如，有人说"时间表最大的风险在于，我们很可能低估了它的重要性，我们很容易掉进不尊重它的陷阱里"。单独来看的话，每个字我们都认识，但这些字放在一起，反倒不知道是什么意思了。这种情况下，就可以用复述型阅读法，把这句话翻译一下。

"什么叫低估了风险？什么情况算不尊重时间？"我会把这些疑问写下来，"时间表有风险，我们得尊重时间。""我将今天下午的计划写进了时间表，但我没遵守。"这就是复述型阅读，复述关键词，并把作者的话翻译成更容易理解的话，之后就可以对书里复杂抽象的句子和内容进行更好的理解。

表 4-1　复述型阅读法

看不懂的句子	时间表最大的风险在于，我们很可能低估了它的重要性，我们很容易掉进不尊重它的陷阱里
难点关键词	时间表；风险；低估；不尊重
疑问	什么叫低估了风险？什么情况算不尊重时间
复述句子	时间表有风险，我们得尊重时间（原句复述） 我将今天下午的计划写进了时间表，但我没遵守（举例复述）

这个方法我用了很久，屡试不爽，加强了我对很多书的消化理解。如果你也想试试，那记得一定要读出声。先把原句子念出声，而

不是用脑子去记、去复述。把声音传递给大脑，大脑会帮我们分析句子的意思，关联到具体的画面，并联想到一些与这个句子相关的过往经历。当我们能想到一个与之关联的场景时，我们就能很快消化理解书中内容。看书的时候多动嘴，关联场景的速度才足够快。

分享型阅读法，完成阅读输出

所谓分享型阅读，是站在阅读分享者的角度，寻找一本书中值得分享的内容，自己消化吸收之后，分享给别人。这个方法不仅能让你主动阅读，主动加深对书的理解，还能加快你的阅读速度。因为你会为了更好地分享，而很急切地去阅读。更关键的是，由于存在分享的过程，你对书本内容的记忆会深刻得多。

那么，可以分享给谁呢？可以是身边的朋友、同事，也可以是那些想读好书却找不到好书的人，抑或是阅读能力根本不如你，读完这本书，几乎没有什么感触的人。在此类情况下，你可以站在阅读分享者的角度，充满热情地把书分享给他。

你也许认为，阅读是一个人的事，只要安安静静地读就好。可是，问题在于，如果你长期独自阅读，往往会越来越偏好某一类书。比如只读文学类、只读成长类。对于想要提升能力的人，这会存在一定的偏狭。而且，一个人独自阅读，对书的理解深度有限，很难获得更高层次的认知。

而和一群人一起阅读的时候，大家可以展开讨论，说不定哪句话就能给人启发。你明明是在读一本书,感觉却像读了很多本书。所以说,阅读应该是一群人的事。

当你把自己定位成阅读分享者,就是在用书抛砖引玉,期待更多人和你一起读好书、一起交流书。当然,你在分享的过程中,也在倒逼自己持续阅读、持续分享,这也是一个让自己主动阅读的过程。

剔骨、复述、分享,走完阅读圆环

一个完整的阅读过程,必须经过剔骨、复述和分享这样一个圆环——先用剔骨式阅读法剔出"骨头",也就是书中的要点内容;再用复述型阅读法复述剔出的内容,主动消化理解这些要点,这就是"嚼骨头的过程";消化理解之后,再把自己的感受和领悟讲给别人听。

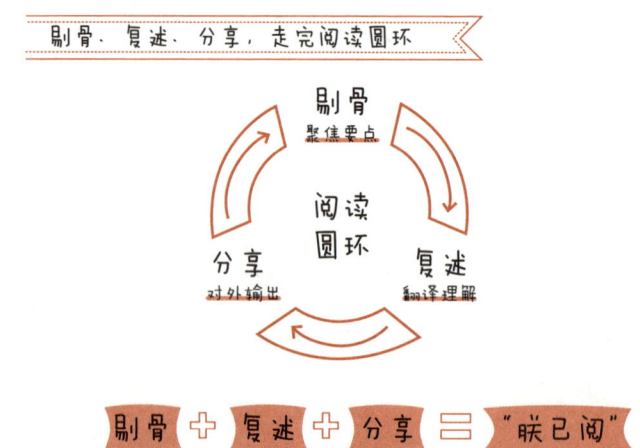

/ 第四章 /
深度阅读必须掌握的几个方法

有段时间,网上有一个特别火的词叫"朕已阅"。别人给我发消息,我回他"朕已阅",就说明我看了且懂了。

阅读一本书时,同样可以如此。问问自己,每本书拿到手里,"阅"了没有?审阅、查看、分析到位了吗?如果每读完一本书,都可以说一句"朕已阅",这本书就真的被读完了,真的属于阅读的人了。

如何写读书笔记

很多人喜欢做读书笔记,我在第一本书《如何有效阅读一本书》中分享了四种笔记法,从5分钟勾勾画画记笔记,到10分钟用图标箭头画笔记,再到30分钟的思维导图、视觉笔记,最后是2小时的PPT(幻灯片)笔记法,我写得很细致,但依然有朋友会问,哪种笔记最好?

新手记笔记,哪种形式好上手

我一直认为,只要记笔记就都有价值。哪怕只是直接把书的重点内容摘抄在纸上,至少也做到了专注于阅读和记笔记。

由于下笔的速度远低于大脑的奔跑速度,所以记笔记还能强化思考。因此,与其纠结笔记形式,不如想想你记笔记的目的是什么。

表 4-2　记笔记的方法

时间	笔记形式	笔记目的
5 分钟	勾画要点(复述型阅读法)	专注阅读
10~15 分钟	箭头图标标注书的要点关系	加强阅读消化理解
30 分钟	思维导图、视觉手绘笔记	强化逻辑或理解
2 小时	读书笔记 PPT	消化并输出作品

大多数时候,我用的是复述型阅读法,先找到书中刷新认知的句子、觉得有用的方法,再把不好理解的内容翻译一下,把困惑、感想、翻译结果都写在旁边。

记笔记一定要避免繁杂,不要试图把笔记记得非常漂亮。笔记只是帮自己实现阅读目标的,版式好看或难看无关紧要。

对于有记笔记习惯的人,我建议多用电子笔记做记录,它更便于整理和存储。对于没有记笔记习惯的人,应该多用纸、笔记录,这样就不会读不进去或者犯困了。

记完笔记后,是否需要更新

整理笔记有助于丰富我们的知识体系。我常用的笔记更新法主要有两种。

阅读是富养自己最好的方式

第一，纸质版转电子版。

以前，我很喜欢手写笔记，但想用的时候，搜索起来实在麻烦。所以，我后来会不定期把手写笔记转为电子版。

这种操作非常简单，直接对着手写笔记拍照，然后长按图片，点"提取文字"，笔记里的字就直接出现了。接着，将文字一键复制粘贴到一个电子文档里，整个操作就完成了。通常来说，我都会把笔记放在石墨文档里。从 2016 年到现在，我所有的笔记都收录其中。只要直接查找关键词，所有与此有关的文档就都能出现。

如果是视觉笔记，我会用全能扫描王拍一下，保存在账号里。

第二，合并主题。

记录了一段时间的笔记之后，我们可以按照类别进行归类，把同一类别的笔记放进一个文件夹；如果笔记不是很多，则可以把同一主题的内容放到一个文档里。然后通过添加小标题，自动生成目录，看一眼目录，就能快速判断具体有什么内容。

比如，我在书上勾勾画画了很多内容，当我觉得有必要整理这本书的逻辑体系时，就会把勾勾画画的部分重新整理到电子文档里。如果我的目的根本不是整理书的逻辑，只是想看完书之后解决我的实际问题，那读完书的一刻，它的使命就结束了，我不会整理任何内容。

也就是说，笔记不是必须要更新整理的，而要根据阅读目标来决定具体如何操作。

/ 第四章 /
深度阅读必须掌握的几个方法

什么时候必须记笔记

虽然我现在笔记记得挺好,但对于记读书笔记这件事,我一度十分纠结:到底要不要记?什么时候必须记?

一开始,我很用心地给每本书记笔记,记得条理清晰,这导致我的读书速度特别慢。后来,我只给要讲的书记笔记。有一次,我写的稿子被审稿人连番否定,我很生气,索性不记了,却发现没怎么记笔记的稿子几乎一遍就过了。我当时还以为自己的写作能力提升了,再也不需要记笔记了,可很快我就发现了真相:是因为书的类型不同。

有些书不记笔记的话,还能快速提炼要点,一记笔记反而容易被琐碎的知识点锁住,完全看不出逻辑。像《乌合之众》这本书,它是一本带人了解群体心理、看透人性的经典读物,又是运营人必读的书之一。

我刚开始做运营时,一接触这本书,就把书中的一些关键内容全拎出来整理笔记,像集体心态、群体的定义和特点、群体的心理特征、智力下降等。结果却是,我越记越搞不懂它到底要讲什么。后来,我索性放弃了这个方法,只用一个案例串联整本书的知识点,难懂的部分就标记些我的白话翻译,将知识点和案例结合起来,理解起来就容易多了。

比如,书中提到,群体的智力会下降,会低于个体智力的平均值,为了理解这个观点,我回想了一下我接触过的群体,好像确实如

阅读是富养自己最好的方式

此,在一个社群里,这种情况一定会出现。这样和实际生活场景关联起来,书中的知识点我自然就理解了,也就不用记笔记了。

当然,有很多书还是值得记笔记的,有用的内容有很多,记下来可以反复学习参考,还可以在记笔记的过程中加深理解,这是很实用的方法之一。很多人之所以觉得一本书读不懂,其实是因为欠这本书一份笔记。

一本书彻底完成的标志,不是作者写完,也不是读者读完,而是消化完。

很多好书之所以能传诵至今,就是因为它在不同时代给不同的人带来了不同的启发。一本书读十年,每一年都能看到新的东西;十年间记的笔记,也藏着十年的经历。

如何培养记笔记的好习惯

根据我的观察,并不是每个人都天生爱记笔记。我爱记笔记,主要是受我妈妈的影响,她是一个学习和整理的狂热爱好者。

我经常看到她买教学参考书,把书里面的解题方法剪下来贴在她的本子上。这些年她走南闯北,从一个学校到另一个学校,箱子、钱都丢过,但那些本子她一直珍藏得很好,那是她几十年的精华积累,所有的优质教学方法都记录在里面。

我妈妈还有很强的存储备份意识,她知道写在纸上、存在硬盘里都可能会丢,所以她很早之前就买了扫描仪,把纸质的内容扫描一

/ 第四章 /
深度阅读必须掌握的几个方法

遍,存储到云盘里。她还有几个T的硬盘和一大摞笔记本,那泛黄发卷的页脚,像她的眼角纹一样,都是岁月的痕迹。

她总问我什么时候有空,可以帮忙把她的笔记整理成书。我经常逗她说:"村东头厕所没纸的时候,我就写。"

受她影响,我也有很强的记笔记和存储笔记的意识。我曾经多次展示我的笔记,比如我大学时在新浪博客写的笔记,工作后在微博上写的笔记,还有朋友圈里发过的很多读书笔记。这些笔记也在我的网盘有备份。

受我妈妈的影响,我会习惯性地整理、记录,这也锻炼了我的搜索能力和整理能力。上大学那几年,我记笔记的量特别大,其他像我一样愿意整理笔记的人无法像我一样能够快速整理,且愿意公开分享。不夸张地说,我几乎是全专业整理笔记的王者,所以大家都等着我整理笔记。如果我不想整理,他们会催我,在班级看不到我,就到宿舍和食堂去找我整理笔记。

受这段经历的影响,我现在写读书笔记时,潜意识中总会有一种难以控制的想法:也许将来的某一天,这份笔记会给别人带来帮助。也许,任何一个在学生时代因整理笔记而受益的人,都会自然而然地记读书笔记。

至于笔记的形式,要用什么文档、什么格式等这样的问题,就类似于我想练字,该使用谁的字帖,是要用方格本、田字本,还是横格本?从记笔记的目的来说,其实记录本身要大于工具的形式。无论以什么方式记笔记,无论是电子版还是纸质版,哪怕是随便记录的,只要记录,都有价值。看到人家使用了某个工具模板或某个好方法,就跟风去用,最后往往会迷失自己。只要开始记笔记,我们就能慢慢摸索出适合自己的方法。

如果之前没有人影响过我们,那我们现在可以成为那个影响别人的人,比如我们的孩子。

记笔记,其实就是给自己准备一份盲盒礼物。这个礼物打开后会有什么样的惊喜,我们是不知道的。笔记还相当于一颗时间胶囊,在未来的某一天会让自己感到惊喜。

读书一定要画思维导图吗

我组织过很多次共读活动,每次都有人画思维导图。不会画的人会很好奇,思维导图有什么用?该怎么画?也会有很多人不确定,是不是每本书读完都应该画一幅思维导图?

思维导图对读书的价值

思维导图对读书的价值,主要集中在以下几个方面。

第一,整理要点。

通过思维导图,我们可以将书中的亮点内容、价值点整理出来,从而更好地把握书的精华部分。

第二,关联内容。

思维导图可以帮助我们发现书中不同知识点之间的关联,找到它们之间暗藏的关系。

第三,增强记忆。

通过思维导图,我们可以更好地理解书中的内容,每次看思维导图时都能快速想起书中的内容。

第四,梳理框架。

我们按照章节或者知识点的顺序整理完思维导图,就可以看到一个完整的内容框架,以此锻炼我们的逻辑思维能力。《导图思维:职场人必备思维赋能手册》一书详细讲解了思维导图的规范画法和价值点。

在筛选判断书的质量时,我们可以通过看到的知识点,在大脑中形成思维导图,更好地预判这本书的内容质量如何。如果知识点过少、过散,就不必急着买。

思维导图有很多奇妙之处,也分为英式、美式等多种画法,我有很多朋友专门做这方面的培训,读书只是思维导图应用的其中一个领域。如果想感受它的博大精深,我们可以系统学一下这门技能。

如何用思维导图消化书中的内容

第一,方法类书。

对于这类书,我非常推荐按照"痛点—方法"的方式整理书的内容要点,而不是按照章节顺序整理。

第四章
深度阅读必须掌握的几个方法

画思维导图时，先写出自己的痛点，再围绕这个痛点去书里找答案。以《重要的事情说3点》这本书举例，书中讲了沟通的三个阶段、三种力量，看起来很有逻辑，但我读完还是会有"怎么应用"的困扰。

如果按照痛点梳理，如"不会即兴讲话，只会准备好了再说"，就很容易找到对应的方法，再整理一份思维导图出来，不仅看了书，自己的问题也解决了，这样的消化过程特别有成就感。

再举一个例子，很多人想学写作，看了不少写作书，写作能力却没有提上来。其实，不是作者写得不好，而是读者没找到自己的痛点。比如，痛点是不会写，那就去书里找"如何下笔"的方法；痛点是写得不出彩，那就去寻找"写出亮点、深度"的方法。有这类痛点的朋友，我推荐大家看看山口拓朗和大吾有关写作的书。

痛点一旦明确，就像有了破案的线索，书里的答案会争先恐后地跑出来。画完思维导图，不仅觉得自己读完了一本书，还会开心地发现自己又解决了一个让自己困惑的问题。

第二，文学类书。

相较于方法类书，文学类的书其实更适合做整本书的思维导图。因为文学故事往往脉络长、角色多，用思维导图去呈现，好比将一个人物的经历或人生按照时间节点展开，能把复杂的架构理清楚。

读文学类书籍时，看完一个故事就画出一张图谱，其实是件非常有成就感的事。而且，文学类书籍的思维导图可以分成不同的线。比如，横纵两条线，一条线是人物线，另一条线是时间线。对照思维导图再把故事讲一遍，会觉得很有收获。

需要把整本书的思维导图画出来吗

如果是主题阅读,整理一本书的思维导图就很有必要,这样能快速发现知识点的内在关系。

如果是单本书阅读,就没必要画完一整本书的思维导图。你完全可以读一部分画一部分,没必要为了完成整本书的图,逼迫自己看完原本不需要看的章节。那样的话,最后剩的只是一张看似很震撼,其实别人和自己都不会再看的图片而已。这就好比整理家务时,没必要总是大扫除,有时候把某个抽屉打扫干净就够了。

相较于做思维导图,读书更重要的是应用。读完之后能将自己的痛点及书中的知识点关联起来,才更有实际价值。

哪种思维导图更适合新手

很多人对思维导图过分痴迷,其实,平时我们看到的大多数图只能算信息图,而不是思维导图。

为什么这么说?因为它违背了思维导图"一线一词"的原则。这种图的缺点在于,几乎不会有人回看。而一幅好的思维导图,画完之后总想回看。

如果觉得手绘比较麻烦,也可以用电子版的方式画。有些人可能也看过竖版思维导图,其实这也只是信息图。

从消化书的角度来说，用任何图片形式记录、消化、理解都可以；从展示分享的角度来说，可能不同人有不同的偏好。我的建议是，不要被"展示效果"干扰，看书原本就是为了消化书，为了把书中好的内容为自己所用，形式不过是实现目标的手段而已。

如何反复阅读一本书,加深对书的理解

有不少人问我是怎么做到反复阅读同一本书的。他们觉得自己一本书都很难读完,更别提反复阅读一本书了。其实,反复阅读并不意味着要反复阅读整本书,而是反复阅读某个章节、某些句子、某段笔记。

反复阅读一本书会有什么新发现

反复阅读一本书时,我们会发现,在不同的情况下,即便读同样的内容,也会有不一样的启发。

以《高效能人士的七个习惯》中的第一个习惯"积极主动"举例。

第四章
深度阅读必须掌握的几个方法

我们小时候,谁更积极主动地举手发言,老师就会先看到谁。如今,大家却在尽量避免积极主动,因为很多人认为积极主动就意味着要承担更多责任,甚至成为替罪羊。

那么,到底要不要积极主动呢?经过这么多年的反复阅读,我对积极主动有六个层次的理解。

第一个层次,积极主动是纯粹的努力。

我上高中时理解的积极主动,是即使目标不易实现,但我们也一定要为了目标主动去努力,重点在于主动而非被动。

第二个层次,积极主动是勇于面对和克服困难。

上大学时,我认为积极主动是一种自律。所有的困难都是客观存在的,积极主动就是主动面对困难、克服困难,为了想要的更好的生活往前多迈一步。

第三个层次,积极主动要以终为始,基于目标主动出击。

从结果倒推过程,用目标激发出自身更强的主动性。

第四个层次,积极主动并不意味着在所有的事情上都要积极主动,而是选择性地积极主动。

毕业之后,我发现工作的时候是需要积极主动、需要有目标的,但同时也需要分清事情的要点,要思考公司的利益和自己的利益。比如,我刚工作两三年的时候,什么事情都抢着帮别人干,总觉得年轻人吃点儿亏没什么,结果导致很多烦琐、无价值的工作都被甩给了我。真正成长之后,我意识到,积极主动的人在职场里一定是有选择性的。

阅读是富养自己最好的方式

第五个层次，积极主动意味着要事第一，除了有选择性，还要找到最重要的事。

例如，我想成为一个被领导喜欢的员工、有被提拔和涨薪的空间，我就用主题阅读法去学习沟通，学习怎么拒绝别人，告诉别人我还有更重要的事情。

第六个层次，要积极主动地打造个人品牌影响力。

曾经我认为，在职场里只要我足够努力，就能解决问题。但后来我发现，当组织目标与个人目标不一致的时候，只有自己积极主动是远远不够的。所以我被迫有了副业，后来又阴差阳错地走上自由职业之路。再之后，我开始更加积极主动地展示自己，让别人看到我的价值，打造自己的个人品牌影响力。

我的这些理解都来自反复阅读，来自在岁月中积累的对书的理解和感悟。反复阅读一本书的意义在于，即便我们不能每次都得到新的收获，也会发现书的陪伴力量十分强大。就像陪我们生活一辈子的那个人，虽然彼此不能每天都有新体验，但回头去看相伴的日子，都是值得珍藏的回忆。

以《规划最好的一年》举例。这本书刚上市时，图书编辑希望我帮忙推荐。但我拿到书时，只觉得内容尚可、纸张欠佳，认为其不太可能成为爆款书。所以，我并没有大范围推广。现在想想，真是可惜。我第二次拿起这本书时，是在几个月后。那时，公司不景气，我被裁员了。我带着焦灼的心情翻书时，无意间看到这本书提到的5步目标法，抱着试试看的心态，我竟然真的梳理清楚了当时的问题。我

第四章
深度阅读必须掌握的几个方法

还用书中的方法写了一份梦想清单，现在一大半已经实现了。我第三次拿起这本书时，是在一年后，那时我觉得生活糟透了，又忙又累，还不挣钱。有一天，我心烦意乱地翻着书，希望从上面的勾勾画画中找到启发，恰好，我看到书的第一章提道：行动的第一步，是信念的力量，要相信一切皆有可能。我的第一反应是，这也太心灵鸡汤了，后来经历多了，我慢慢明白，这才是人间真相。

另外，书中有一段话，彻底点醒了我——大多数人都有两种自我设限性观念：第一种是认为自己没有能力改变自己的境遇；第二种是认为自己没有足够的资源。

比如，担心自己时间不够，事情做不过来；害怕自己像过去一样，不够自律，坚持不了；觉得自己的年龄、身体、技能似乎都不是很好；觉得自己不擅长任何事，没有任何一技之长……

看完以后，我幡然醒悟，原来自己读了那么多书，却还有这么多"自我设限"。其实想想也是，很多事不是我们做不到，而是我们总认为有各种各样的困难，就应该做不到。可事实上，我们不应该以现有的资源和能力去思考未来，因为每个人的资源和能力都是在持续扩大和增强的。

这让我回想起我上高中时的一节语文课，当时在讲《我若为王》，老师问我："如果你是王，你要干什么？"我说我不想当王。老师气坏了，我被罚站了很久。后来，我还常常想起这个问题，为什么我不想做王呢？可能是因为我总认为自己天生身体不好，怕一使劲，把自己累病、累死，到时候即便有钱有权，又有什么用？

直到把这本书看完三遍,我才明白,这只是我的自我设限。我不够拼,没有努力展现自己最好的水平,与其说是自己身体、资源、能力不行,还不如说自己是用这些做挡箭牌,避免到时候失败了,自己接受不了。这就解释了为什么当年没钱的时候,我虽然努力想着多赚钱,但就是没赚到。因为我遇到困难就退缩,赶上身体不适,更能趁机休息半个月。因为我的自我设限就是"我身体不好,我可能不适合打拼"。

现在我变了,我坚信我肯定能一年赚100万元,甚至更多。因为我不会做的事,可以请教会做的人。我一年做不成,我就第二年继续做,总有一天能实现。就像书里说的:"我们不是不能,我们只是暂时还没有。"

这本书成了我每年必看的书,但如果这本书我只看了一两次,我想我现在可能还是一个每天焦虑不已的人,一个只有梦想但没有圆梦,努力了一小阵就放弃的人。重新阅读一本书实在太重要了。我希望每个朋友都去读这本书,每年都看一遍。我希望每个人都能像这本书的副标题一样:今年必须是突破的一年。

什么样的书值得反复阅读

重读一本书,很多情况下是为了再次寻找答案。比如自己常遇到的问题,工作技能、时间管理、育儿、理财、心理压力、团队管理,等等。我们可以预备一些"答案之书"放在手边,随用随取,把自己

第四章
深度阅读必须掌握的几个方法

读过的书整理成一个书单,每本书可以用于解决什么问题,做一下标注,这样下次再用的时候会很方便。

表 4-3 已读图书书单

序号	书名	作者	是否有电子书	解决问题
1				
2				
3				
4				
…				

这些大体上是第一次读的时候就让人认知刷新、醍醐灌顶或是拍案叫绝的书。比如,我原本不清楚书中提到某件事的核心本质是什么,看完就还想再看;再如,书中的某个句子特别戳心,让我瞬间清醒,我也会再去翻阅。还有一些书,曾经在我情绪很差的时候陪伴过我,我舍不得送人,也舍不得丢弃,如果书确实太旧了,那么我就保存好这本书的电子书,重复看。

以《减压思维》举例,这本书讲了二十种减压的方法。我第一次读它时,压力恰好很大,所以一口气读完了前两章,顿时醍醐灌顶。接下来的日子,我压力没那么大了,就没有继续看这本书。

我们常说恋爱需要新鲜感,阅读也一样。想对一本书常看常新,可以制造一些恋爱般的仪式感。就像有恋爱纪念日、结婚纪念日一样,我们也可以设置一些特别的时机来重读一本书。比如,每当有压力

阅读是富养自己最好的方式

时，我就会翻看《减压思维》，可能看的还是之前的几章，也可能去探索新的内容，这样总有一种新鲜感。

我特意把我这些年反复阅读的书做了一套课程，就是"52本书讲书课"，基于个人成长过程中的迷茫、焦虑以及努力过但结果不理想的问题，我筛选了52本值得反复读的书，并做了内容精读和对应的变现方式分享，主题覆盖时间管理、沟通、原生家庭、理财、心理类、个人品牌、运营，等等。

表4-4 值得反复阅读的书单

序号	书名	作者	解决问题
1	《习惯力：打造让你终身受益的微习惯》	[美]S.J.斯科特	持续行动
2	《弹性习惯》	[美]斯蒂芬·盖斯	持续行动
3	《从0到1打造个人品牌》	王一九	个人品牌
4	《个人品牌技能指南：9种技能打造个人影响力》	秋叶	个人品牌
5	《引爆IP红利：从定位到变现，从默默无闻的ID到身价百倍的IP》	水青衣 焱公子	个人品牌
6	《孩子一学就会的黄金口才课》	吴琼	直播
7	《逻辑表达力》	刘琳	直播
8	《说服别人，只要三步》	[日]下地宽也	直播
9	《一学就会的爆款写作课》	[日]山口拓朗	读书账号
10	《如何写出一篇好文章：不动笔就能学会写文章的训练法》	[日]山口拓朗	读书账号
11	《操控人心的写作技巧》	[日]大吾	读书账号
12	《爆款文案卖货指南》	兔妈	读书账号

/ 第四章 /
深度阅读必须掌握的几个方法

（续表）

序号	书名	作者	解决问题
13	《社群营销实战手册：从社群运营到社群经济》	秋叶　邻三月　秦阳	读书会
14	《小群效应》	徐志斌	读书会
15	《引爆点》	[加]马尔科姆·格拉德威尔	读书会
16	《私域资产》	肖逸群	读书会
17	《逆势爆发》	焱公子　谷燕燕　温张敏	个人品牌
18	《疯讲：超级演说、讲课与沟通结构设计》	厚朴	直播
19	《付费：互联网知识经济的兴起》	方军	个人品牌
20	《极简学习法》	廖恒	持续行动
21	《如何有效阅读一本书》	筝小钱	持续行动
…			

重读一本书，有时候也是为了再次寻找灵感。我有一座"书山"，堆在阳台上，我叫它灵感山。万一哪天写作没有灵感了，我就去"书山"里翻，随便拿一本、随便读一页，有时候会发现，书中的文字会自动排列组合，给我某种暗示，灵感一下子就来了。

反复阅读一本书时有哪些注意点

反复阅读一本书，并不是反复看了一遍又一遍，而是需要带着目的读，但目的并不唯一，可以参考表4-5自己做一个表格。

表 4-5 重复阅读图书自查表

读书次数	目的	说明
1		
2		
...		

像我自己,每次重读的目的都不太一样,而这些目的先后顺序也经常来回调换,并不是严格按照第一遍读的目的是什么,第二遍读的目的是什么,而是会有所变化。

表 4-6 重复阅读图书自查表

读书次数	目的	说明
1	确定输出形式	例如书评、读书课、读书会
2	分析是否还存在上次看书时出现的问题	每次读《规划最好的一年》,都问自己还有没有自我设限;每次读《认知觉醒》,都问自己,我最近依然焦虑吗?这次是因为什么感到焦虑
3	确定这本书的其他用处	用在工作、生活、育儿上 用在写书素材里 用在讲课课稿里 ……
4	确定这本书可以分享给谁	好朋友、粉丝、学员、家人……

重读,也不一定是整本书重读,可以是反复读某个知识点。以我读《规划最好的一年》里的"自我设限"为例。第一次读,我把它当作一个新的知识点去学习消化,思考我的自我设限是什么,为什么有这些自我设限。第二次读,我问自己,这些自我设限还存在吗?我是

/ 第四章 /
深度阅读必须掌握的几个方法

否出现了新的自我设限?第三次读,我问自己,从上次读书到现在,我有什么变化?和读这个知识点有无关联?

如果你过去没有这样重读过一本书,可能是没发现重读的趣味性,可以试着做一做。为了方便重读,可以在每次看书时,把戳到自己的痛点、觉得有用的方法,做个标记。想检查那些标记过的问题是否有了答案,就得重新翻开这本书。

重读,也是与过去的自己相逢。因为那些泛黄的书里藏着自己过去的批注、勾勾画画、折角痕迹,会让我们看到当年的自己。我们可能会笑自己,居然在这么简单的地方勾画这么多。这其实很好,说明我们的认知成长了,我们已不是当年的自己。

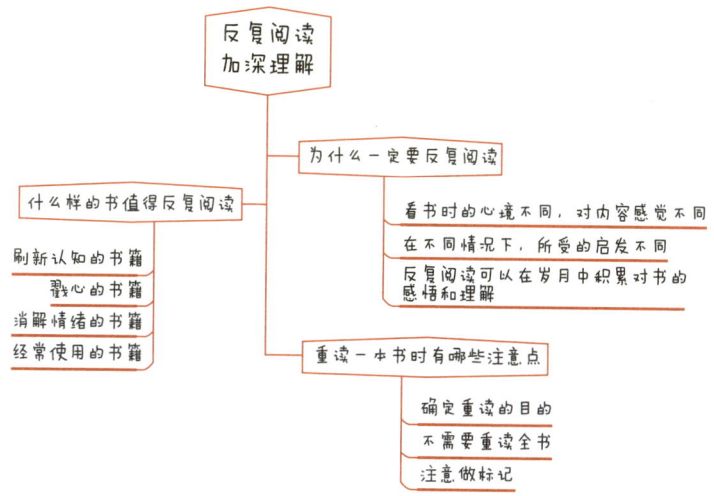

用辩证的眼光进行批判式阅读

古语有云"尽信书不如无书",我读书这些年,深刻体会了这句话的含义。早期读书时,我非常信奉书中的观点,为此吃过不少亏。书读多了才明白,再好的观点和方法都有它的适用边界。因此,在应用书时,一定要带着批判性思维,进行批判式阅读。

什么是批判式阅读

所谓批判式阅读,是指以审慎分析和评价的态度来阅读和理解所读内容,主动地思考和推敲其中的逻辑和前提假设,而不只是被动地接收信息。

第四章
深度阅读必须掌握的几个方法

进行批判式阅读，重点关注这两点：第一，文章的证据和论证是否合理、有力；第二，文章中存在哪些前提、隐含假设或潜在偏见等。

批判式阅读的目的，并不是质疑一切，刻意寻找毛病或瑕疵，也不是证明自己的观点正确，而是获得新的认识或见解。

我们可以从以下两个角度理解批判式阅读。

第一，对书中的观点、方法保持中立的态度。

我们要明白这些内容具有动态应用性，在不同时代有不同的适用场景。过去合适的，现在未必合适；过去否定的，现在未必完全不能成功。比如，在一些家教方法书或者个人成长类书中，作者说这个方法非常适用于某个场景，千万不要盲目相信。它只能说明，过去在这种场景出现过有效的案例，但未必每个人都有效。就像有的书上说孩子越哭就越不能抱；有的书上又说孩子哭是因为缺乏安全感，得多陪伴。各有各的道理，大家不能盲从，要根据情况灵活调整。

第二，对一本书的态度不极端，不信奉它为最好的书，也不批评它一无是处。

可能从整本书的角度来说，哪怕某些书在某个主题里是体系最完整的，但也会有些内容细节写得还不到位。即使有些内容不够好的书，行文逻辑和文笔方面也有值得学习的地方。在这个世界上，没有完美的书，也没有毫不值得学习的书。

对于批判式阅读，可以这样理解——带着好奇又冷静的心态看待书中好的内容，思考其适用边界，也就是该内容在哪些场景下对哪些人有用处，而对书中不好的内容不多花心思评判，只关注好的部分即可。

阅读是富养自己最好的方式

如何做到批判式阅读

要做到批判式阅读，需要有一定的知识背景和阅读技巧。平时阅读时，我们要遵循三个原则。

第一个原则，不迷恋作者。

无论作者是谁，无论他曾有过怎样的经历和成绩，都与我们无关。很多作者成功地出了本书，并不是源自他自己的能力，也可能有他的营销团队的功劳。

第二个原则，不迷恋书单。

比如，即便很多人说某本书是封神之作，这也与我们无关。再高的赞誉，代表的也只是读过这本书的人对它的综合评价。这本书的被阅览数次可能达到了一个庞大的基数，证明书真的足够好，但它只能证明看过这本书的人觉得书好，不能成为判断这本书是好是坏的标准，我们得有自己的判断。

第三个原则，看不下去就先暂停。

当看到某本书里某段话讲得一般或者特别差劲时，我们可以只把那些刷新认知的部分看完，其他的内容暂时先放下，等心情平静的时候再把这本书翻出来读。

进行批判式阅读，往往应该在主题阅读之后。主题阅读是从快速浅读到逐步深读的过程，进行过主题阅读，才可能知道自己批判得对不对。

/ 第四章 /
深度阅读必须掌握的几个方法

对于看不进去的书,是否要进行批判式阅读

作为一名职业读书人,我进行批判式读书的概率会比一般人高一些。但与之相应地,我对书的容忍度也比一般人高。任何一本书,除非翻了三遍都没找到打动人心的内容,我才会选择把它处理掉。否则,我通常还是会找个安静的时间,在平静的心境下再给那本书一次机会。

为什么我愿意这样做?因为我爱书,希望每一本书都有它应得的归宿,都能展现它应有的价值。

很多人也许有疑惑,有些一眼就感觉不好的书,为什么还要浪费时间,一遍一遍地翻?究竟能从中看到什么?

第一,我会关注这本书在写作方面的逻辑和技巧。

很多书的写法,其实是有规律可循的。即便书的内容没给我收获,我至少可以学习一下作者的写作逻辑。从写作的层面出发,每一本书都值得我学习,即便未来我出了十本书,应该也不会改变这个初心。

第二,我有一个非常强的执念,每本书一定都有能帮助我的地方。

时间久了,我修炼出了一种能力,总能从一本书中找到我想输出的素材。比如,我会把书中的某句话当成我直播中的一个痛点或者一个方法。

为什么我会有这种执念?它其实源于一个小故事:有一次,朋友送了我一本书,我花了将近 5 小时读完之后,发现内容不知所云,没有一点儿值得汲取的知识,完全是浪费我的时间。可是,我既不能和

阅读是富养自己最好的方式

大家分享我看了一本言之无物的书,又不能对我的朋友说下次不要再送这种书给我,这让我的情绪很低落。

在接下来的几天里,我都在不停地思考,到底怎么判断一本书好与不好?现在回想起来,那本让我心情低落的书,本身并没有那么糟糕。因为在我想要将它处理掉之前,我又翻看了一下,发现它并非毫无价值。真实的原因,也许是当时的我心不静,没有躬身其中。抑或是,我当时的批判能力有限,甄别水平不够,才让我作出了那样的判断。

经过这件事之后,我对书的认识更加清晰了。一些看似很糟糕的书,也许并不像我们想象的那样。或许只是因为我们没有看到它那与众不同的闪光点,才让它湮没在芸芸众书之中。

==任何一本书,都有值得学习的地方。当我们能把自己的心态放平,能静静地感受每一个汉字、每一丝情感时,就会从书中看到自己想要的东西。==

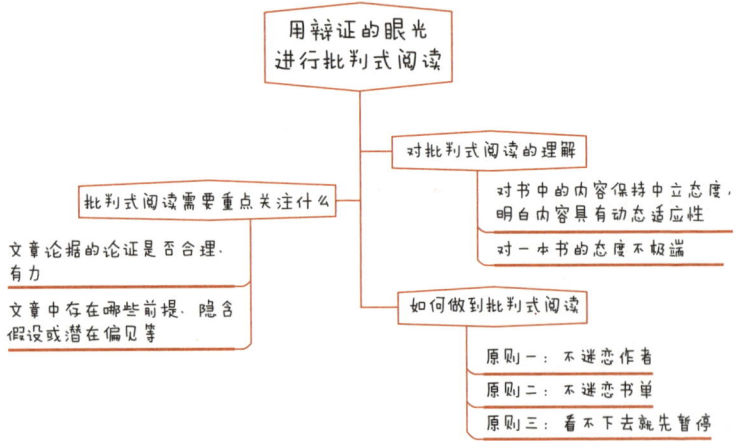

碎片化时代，如何深度阅读

如今，我们正处于碎片化信息时代。大家都在担心，长此以往的话，会不会逐渐丧失深度阅读的能力。还有一些人认为，当碎片化阅读多于深度阅读时，人们看书的总量就更少了。这其实是一种错误的认知。

以前的人，能接触的是纸质书或者报纸、杂志，可阅读资源匮乏，那时的全民阅读总量是远低于现在的。尽管碎片化的信息不成体系，但接触面广、信息量大，我们就像海绵一样，可以随时随地大量吸收新的知识。

我想，那些批判碎片化阅读的人，思虑其实是不全面的。第一是没有考虑大数据的真实情况，第二是没有考虑全民的平均时间和精力情况。

阅读是富养自己最好的方式

我们不妨设想一下，一个每天下班后 9 点到家的人，照顾完孩子准备休息时已经 11 点了，再让他找个整块时间阅读，他哪还有时间睡觉呢？所以，在时间精力有限的情况下，如果他还能每天进行碎片化的阅读，我们就不应该批判他，而应该肯定他。

当然，有些人一定不只是期待表面肤浅的阅读，而且能够利用碎片化的时间进行深度阅读，那该如何做呢？我比较常用的是以下几种方法。

方法一："乌鸦喝水"式阅读

这个方法，是把一本书拆分成多个时间段去阅读，就像乌鸦喝水一样，当喝不到深处的水时，就往瓶子里填石子，那些石子就是碎片时间。"5 分钟""10 分钟"，不断地往瓶子里填小石子，当水往外溢的时候，你就看到了它的深度。

想通过碎片化的积累来实现深度阅读，其实是非常容易的。比如，用这种方式把一本书拆分出很多个 5 分钟、10 分钟去读，可以用碎片化的时间把这本书读很多遍。

很多人质疑这种方法，是因为从来就没试过一本书用几十个"5 分钟"反复读的效果。我大部分时间就是用很多个"5 分钟"的碎片时间进行深度阅读的。从开始工作到怀孕生子的那几年时间里，我要兼顾工作和家庭，有各种各样的杂事要处理，到创业这几年就更忙了，并没有完整的读书时间，所以都是用自己的碎片时间读书的。实际上，并不是

第四章
深度阅读必须掌握的几个方法

只有我这样,在成年人的世界里,完整时间越来越稀缺了。

碎片化阅读时,你第一遍看完也许没有太大的感觉,没关系,可以看第二遍、第三遍。即便上一遍记住的内容寥寥无几,理解的内容肤浅不堪,但在几次阅读之后,理解得会越来越深,记住的也越来越多。就像乌鸦巧妙地利用每一块小石子,最后终于喝到水一样。

方法二:结合"T形能力模型"阅读

利用碎片时间,我们要充分考虑自己欠缺什么能力,而不能广泛地阅读,因为时间真的非常稀缺且珍贵。

很多人总是妄自菲薄,甚至觉得自己一无是处,如表达能力不行、自卑、敏感等,问题多种多样。真有如此多困扰和怀疑的话,你可以把每个问题列出来,对应着去找自己需要的每一本书,用各个碎片时间去阅读,这样几乎可以解决所有的问题。这就像当你感觉不舒服时就要主动就医,而不是等熬出大病了再住院。

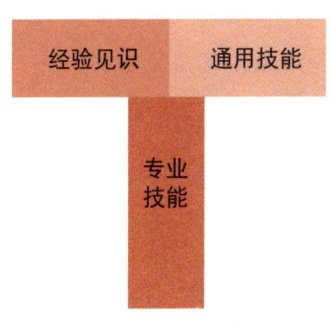

图 4-1 T形能力模型

方法三：报名提升技能的课程，让老师推荐对应书单

相较于自己去阅读专业书籍，我更愿意报名学习一些课程，让老师帮我推荐一份书单。想深度学习，更重要的在于拜师，付费学习课程是一条捷径。当然，我们要筛选判断什么课程是值得学习的。

我选择付费课程的标准通常有三个：一是课程价格在 5000 元以上，二是课程连续开班十期以上，三是老师有自己的账号或书，以及课程内容是可搜索到的。能跟对老师，学习起来会事半功倍。

比如，我学培训师课程时，老师告诉我们，一个人上台讲话感到紧张，其中一个原因是小时候的经历带来的影响。这就是线下课的优势，能够更加快速地找到问题的根本所在。找到了原因，就可以有的放矢地解决问题了。如果我们不找老师，自己一个人琢磨，想破脑袋估计也找不到正确的答案。

在上线下课的时候，老师给我们讲清了体系和框架，我们的认知得到了提升和刷新。完成这样的深度学习之后再进行主题阅读，就能避免自己在单纯看书过程中的认知误区。

方法四：输出式阅读

为什么很多人明明有很高的认知水平，却没能清晰地呈现出来，给人认知很低的错觉？之所以出现如此偏差，是因为他们缺少输出。

第四章
深度阅读必须掌握的几个方法

阅读的输出过程也是把自己的认知呈现出来的过程。

因此,对于大部分人来说,深度阅读的意义不一定是要把每本书读透彻,而是每次读书都有一个输出的过程,在输出过程中加深对书的理解。

以上几种方法,希望对大家有所启发。

在我看来,深度阅读不是一次性读到多么深、多么专业,而是更持久、更多地把注意力放到书里。如此一来,我们早晚能感知到书的深度。

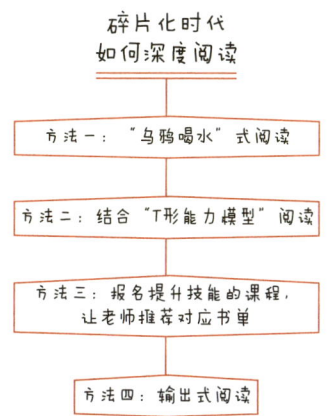

读不同的书,是让自己走出偏狭
最好的方式!

第五章

不同类型的书，阅读方法也不同

选一本好书读起来

读书遇到的大多数问题其实都与选书有关。有时候兴致勃勃捧起一本书,却发现一点儿也读不进去,若硬逼自己看,会给人带来巨大的痛苦。

选择能读得进去的好书的方法

第一,看作者。

读书的过程,就是与作者对话的过程。我们喜欢一本书,其实是与作者比较投缘。能看得进去的书,往往是作者的思维、主张与我们比较接近,或者我们比较认同。因此,从作者的角度选书,最不容易出错。

/ 第五章 /
不同类型的书，阅读方法也不同

一般来说，作者信息会在书的封面有所呈现。如果在网上购书，图书信息里也会有作者简介。如果作者在其行业内被广泛认可，或者有比较丰富的企业培训经验，或者聚焦某一领域研究多年，那么他写的书就更可能具备实操性强、一针见血的特点，这样的书更有价值。

比如，黄仕明老师作为心理学家，在他的领域是很专业的，他写的《停止你的内在战争》很值得读。再如，宋晓东老师的《减压思维》也写得很有诚意，他在心理学方面做了很多研究，也分享了一些实操经验和自己的亲身感受，书中讲述的都是普通人简单易上手的技巧。

也许这些书并不是其所在领域里最优秀的，但我们想要的并不是作者和书多优秀，而是自己能读得进去。如果读都读不进去，何谈吸收和应用？

因此，不必着急，我们可以先挑几本自己喜欢的作者的书读。随着这些作者年龄的增长和阅读积累的增加，他们会有新的想法，伴随他们的种种变化，我们可以不断解锁很多有意思的书。

如果目前还没有特别喜欢的作者，我们可以去看一些文章、短视频、直播等，看看喜欢哪个作者输出的内容，再对其进行进一步的了解。

第二，用电子书软件试读部分内容。

决定买一本书之前，如果不确定书的好坏，可以先用电子书阅读软件搜索书名，试读一下，如果觉得自己能读进去，就把书买回来细致地看、反复看。如果电子书都读不进去，那买回来也很难读完。

阅读是富养自己最好的方式

面对不熟悉的作者时,我通常会用电子书阅读软件把他的书读上几页,并且想象作者如果站在自己面前,亲自讲解书中的这些内容,我是否喜欢这个人。如果喜欢就买纸质书,没有感觉就看看电子书,直到看不下去就停下。接纳自己看不完书的现实,其实没什么丢脸的,书本来就不是拿来看完的,而是拿来用的。

第三,放下寻找好书的执念。

说实话,对于年阅读量低于50本的朋友来说,很难判断哪本书更好,所以不妨先买回来。==世界上最值得原谅的冲动,就是买书冲动。==

碰上一本自己喜欢的好书,就像遇上生命中的灵魂伴侣一样,概率不高。我特别希望大家放下寻找好书的执念,就像放下我们遇到的这个人必定是好人的执念一样,我们肯定有很多次识人不清的情况,但那又如何,这就是人生。遇到坏人就什么都学不到吗?不一定。既然躲不开,还不如学会提取书中的"价值内容"。

我一直坚定地认为,每本书都有值得学习的地方。我们可以从内容、写法、大纲设计、排版装帧等很多角度去探索一本书的价值,而不只是从内容层面。这会让我们阅读时舒服很多。

而且,好书也未必好读,当下未必真能全部吸收。不妨多花点心思找一本适合自己的书,吸收率更大。比如,我读经管励志类书就很舒服,吸收也很快,所以我读的大部分书是这个类别,大家也可以找找更匹配自己的图书类型。

/ 第五章 /
不同类型的书，阅读方法也不同

想要多读书，先放下把书看完的执念

找到好书和把好书读完是两件事。很多人特别想把一本书读完，总觉得书没读完会很别扭，再去看新书的动力也不大，而且会自我抨击，觉得自己这样很不好。其实，书看不完是有很多原因的，不仅是阅读技巧问题，还要追溯过往经历。

比如，在过往的人生里面，有太多不完整的经历，已经无法再接受有始无终的新事情。没办法割舍过往的经历，读书时就会带着某种情绪。

另外，有的人可能像我一样，小时候的买书欲望没得到满足。小时候，我很想买一些课外书，但家里经济条件不好或者父母不让买，导致我的愿望无法实现。它带来的影响是，我长大之后很喜欢囤书。我很清楚，我囤的其实不是书中的知识和内容，而是当年不被满足的

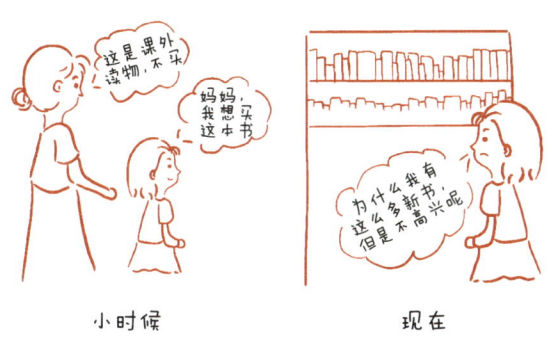

阅读是富养自己最好的方式

需求,那一面面的书柜都是为了满足小时候未被填补的内心。我认识的很多读书人都有这些情结。

在培养阅读习惯的阶段,不要有任何心理负担,做到开卷有益就足够了,不必非得追求读完。想把书读完,就像想在一家公司工作到退休和一个人刚恋爱就想以后相伴到老的事一样,这本身就是伪命题。

书读不完,很多时候并不耽误理解书中的意思。哪怕是文学作品,读不完虽不知道故事的后续,但不耽误分析读过的部分。

即使是一本特别好的书,也不一定要读完,因为,可能你越想读完就越读不动,最后甚至都不想打开那本让你倍感压力的书了。

这就像是,一个人学骑自行车时,如果一上来就追求骑得很稳当,反而容易摔倒,摔疼之后,就更不敢骑了。倒不如推着车子先走几天,慢慢适应骑车的感觉。读书也是如此,先打开,哪怕读了5分钟不想看了,读完什么都没记住,也不要紧。越能无压力地读,第二天继续读书的概率才越大。

读书追求的应该是累计阅读时长更长,而不是今天心血来潮读2小时,之后一个月一个字都不读。

"片段式阅读"虽不是读书的长久之计,却是大多数人眼前最合适的读书方法。哪个会读书的人不是从片段阅读过渡到整本书阅读的呢,从小孩到大人,都是这样的。

永远记住,读书的目的不在于把书读完,而在于能用得上。哪怕你只读了一部分,如果用上了,结合书进行思考了,那花的时间就有价值,也对得起我们买书的钱。

/ 第五章 /
不同类型的书,阅读方法也不同

优先读什么样的书

在我们能接触到的书中,有很多都像乱石之中的美玉,我们只是没有努力去发现,也没有认真去读。至于从哪本书开始读,主要取决于我们的脾气秉性。选到那些对脾气的书,我们读起来会更畅快。

对于很多人来说,难点恰恰在于,不知道自己是什么脾气秉性,就像高中时的我一样。

那时,我觉得自己是一个很内向、不爱说话的人,看的书也都是内向、文静的小姑娘喜欢的类型。身边的很多人也用类似的观点评价我,更加强了我对自己的"错误认识"。同时,我会疑惑,一个内向的人应该能坐得住,可以安安静静地读书,可我做不到,有的时候根本无法静下心来读书。

上了大学,我才知道有一种"慢热型"的人,融入人群就是比较慢。他们比较在意人群环境是否安全,如果都是"自己人",他就可以滔滔不绝;如果有陌生人,他就会沉默寡言,极少主动讲话。我高中、大学阶段,就是这样一个慢热的人。我顺着自己的脾气,换了一些慢热型人喜欢看的书去读,瞬间感觉自洽了,书终于不再是"对全世界敞开,唯独对我关门"了。

如果你也不知道自己的脾气特点,可以试着这么做。

第一,找出自己最读得进去的类别。

经管励志类、文学类、家教方法类、历史类等,先找其中一类书,看看自己能不能读得进去,而不要各种类型的书一起读,那样容易巩固自己"不爱看书"的错误认知。

大学时,我已经测试出自己最能读得进去哪类书。相较于其他类别的书,我读经管励志类的效率是最高的,一口气能坚持看 20 页以上。所以,这类书占我读书总量的 70% 以上。而且,这类书涉及的范围很广,心理学、沟通、个人成长类都可以归属其中,可供挑选阅读的书种类繁杂、数量庞大。从中选出一本能看得进去的书,是相当容易的。

对于那些根本看不下去的书,暂时搁置一边就好。除非工作或者考试需要,否则不必强迫自己。

第二,找到当下最读得进去的主题。

大学时,我特别偏好读人力资源方面的书,从课本到考试用书,再到人力工作相关的技能书,我都很喜欢。别人读起来觉得脑壳疼,我却读得很带劲。

工作后,我喜欢读时间管理类的书,市面上这种类型的书我几乎都读了。后来,我还喜欢上了沟通类的书,感觉世界简直为我打开了一扇七彩的大门,实在是太棒了。

有一段时间,我不爱读任何技能类的书,反而特别喜欢看漫画书。我把高木直子的全套作品读完,又去搜罗了各种漫画故事书,真是十分痴迷。

当然,我会适时提醒自己,读书可以放纵,但不要超过一个月,还是要控制选书比例:70% 的技能提升、20% 的经验见识、10% 的兴趣领域。只要总比例不变，也就是投入的时间、金钱的比例在这个区间，阅读效果就不会差。

至于在这个过程中怎么选书，如何侧重时间比例，都可以顺着自己的心意。越是顺从自己的内心去选读得进去的书，阅读量就越大。因为对我们而言，阅读不再是一种学习方式，而是探索未知且新奇有趣世界的一把钥匙。

选书时有哪些可以参考的书单

选书时，我一般不会参考别人的书单，因为别人觉得好的，未必适合我。

别人的书单可以收藏，但不要照着买、照着读，要带着自己的阅读目标分析书单是否与自己匹配。

收藏书单，意味着有了想看书的念头，有了起心动念的"念"，当念头足够强，会驱使我们行动。如果一个人连收藏书单的冲动都没有，即便白送他一本书，他也不会看。所以，收藏这个动作是很有意义的。

但是，如果收藏之后就没有了下一步动作，那么收藏书单就会变成一种压力。有不少人和我说过，自己收藏了一些书单，但没有按照书单上的书去读，所以觉得心里很难受。

那为什么收藏的书单并没有真正去看呢？因为很多书单只是罗列了"高分""牛人推荐"，并没说明这个书单能解决什么问题。想读书的人感受不到它与自己的关联，自然难有看书的冲动。

阅读是富养自己最好的方式

为了激励自己读书,有些人会制作"待读书单",这是不是必要的呢?我觉得不是非常有必要。

书单的真正意义是把读完的书进行归类整理,检查一下还有哪些知识体系上的疏漏,可以对应地查缺补漏。

假设,你花半小时制作了书单,但半年都没读完,这个书单有什么用?做这个书单,就像我们有很多件想穿的衣服,即便把它们的图片全部整理好,可在出席不同场合时,我们还是不知道穿什么。

我们平时读书,没必要从书单里挑,可以把遇见的每本书都当成一种偶遇,这些偶遇的书籍往往更能激发我们的阅读动力,因为每一本书都可能给我们惊喜。

虚构类的书该怎么读

所谓虚构类的书,指的是诗歌、散文、故事等,它是大多数人阅读占比最高的一类书。

喜欢读这类书的人大多有些难以割舍的情感牵绊,自己不会驾驭文字去表达对情感的眷恋,借诗歌、散文、故事来坦露心扉。读这类书,除了感受文字的曼妙,更多的是联结自己过往的经历,找到心灵的寄托。

读诗歌,不急于分析意象

多读诗词歌赋,可以提升涵养。这样,在看到美丽的风景时,就不至于只能说出"哇,好漂亮"这几个字。很多人喜欢读诗品诗,都是出于这个原因。

阅读是富养自己最好的方式

此外，大家之所以对诗歌如此迷恋，往往是因为在自己的人生历程中，有一些与诗歌有关的美好回忆。

比如，我很喜欢读泰戈尔诗集。上初中时，语文老师用泰戈尔的《对岸》做多媒体实验课，邀请了很多老师来听课，后来还带着我们去录课。虽然不知道老师那堂课的评优结果如何，但是我们深刻记住了一首诗的立体呈现是多么美。

老师的这个实验课讲了十多次，中间难免发生一些小意外，我恰好做过一些救场的事，这让年少的我非常激动，感觉自己特别有价值，也因此对语文课产生了更浓厚的兴趣。

走进大学校园后，我在图书馆里发现了泰戈尔的多本诗集，脑海中瞬时涌现出当年的美好回忆。在图书馆的老木椅上，我津津有味地读了无数个下午。

成年人读诗歌，不必急于分析意象，因为诗词作者写的内容，很多时候是与自己的对话，与宇宙的对话。他们的诗作带有强烈的思索和自省的意味，他们剖析自己的心路历程，探索生命的真理。我们学生时代接触的诗词很多是这样。

如果你想品鉴诗歌，我推荐读《中华古诗文名言的引用与化用》，对于帮助大家消化理解诗词很有好处，书里有很多我们以前背过的诗句，比如"乱花渐欲迷人眼，浅草才能没马蹄"等。不仅如此，这些诗如果现在用，怎么用、用在什么场景更合适，书里面讲得很精妙。

/ 第五章 /
不同类型的书,阅读方法也不同

读散文,品味画面感

相较于诗歌,散文埋藏着更多的细节画面。读的时候总能把人带入某些情境和回忆之中,很有共鸣。

比如《正是橙黄橘绿时》里的这段文字,把那种寄信后盼回信的心情写得很有画面感。"每一次,在教室里写好信,到这里买一个信封,一张4分钱的邮票,贴好,把信也把少年朦胧的情思和秘密的心事,一并放进立在邮局里紧靠墙边那个绿色的大邮箱里。然后,愣愣地望着邮箱,望半天,仿佛投进的不是一封信,而是一只鸟,生怕它张开翅膀从邮箱里飞出来,飞跑。站在那里,心思未定地胡思乱想。"如果读者也曾写信给别人,一定能够体会这份心情。

我小时候,姑姑在外地打工,每个月都会给奶奶来信,奶奶识字不多,总会让我帮她念信,再帮她写回信,也会让我单独写一封夹在信封里。那是一个书籍极其匮乏的年代,我心心念念想要一本作文书,每次都托姑姑帮我找到寄回来,但那本作文书很难找,姑姑要从郊区坐车去市里,在陌生的大都市里寻找小小的书店,一次没找到,就下次放假再出去找,锲而不舍、百折不挠。所以,每次写信和拆信的时候,我都既期待又紧张,很想知道找书的进展。

因此,我每次读到这段写信的文字时,大脑里就像放电影一样,浮现出一幅幅画面。很多人也像我一样,有比较强的"文字转画面"能力,看书就像看电影一样,越看越着迷。

阅读是富养自己最好的方式

对于想要提升文笔的人来说，诵读散文可以激发灵感，让文字更加活灵活现。平时，可以多读读散文里令人动容的句子，自己享受的同时，还能积累文字素材，提升文字驾驭能力，一举两得。

读故事小说，多思考故事对我们的启示

应该没有人不喜欢读故事，比如历史故事、人物传记、儿童故事、小说等。喜欢读故事的人，往往都有一点超现实主义，对现实生活有一种期待感，借由别人的故事来印证自己的所思所想。

很多人看故事类的书，看的其实不只是故事，更是借助故事看到背后的矛盾冲突、人物情感变化，尤其是对现实生活的启发。

塔拉·韦斯特弗在《你当像鸟飞往你的山》一书中，讲述了自己的求学经历，让我们更加相信读书上学的价值。我以前分享这本书的时候，很多人跟我讲自己上学的故事，其中以40岁以上的朋友居多。在他们那个年代，上学是非常不易的，能上学得靠全家人勒紧裤腰带，甚至得牺牲某个家庭成员上学的机会，才能为其他人挤出一个机会。

陈忠实在《晶莹的泪珠》中就描述了类似的经历。小时候家里供不起两个孩子上学，所以父亲跟他商量休学一年。本以为班级前几名过一年再上没什么，年纪也是班里最小的，可正是这一年的休学，让他错过了高校招生的机会。父亲患上了癌症，在弥留之际，对他说："错过一年……让你错过了二十年……而今你还算熬出点名堂了……"

/ 第五章 /
不同类型的书，阅读方法也不同

听完这段话，如果你是他，你会如何反应？陈忠实这样写道："我感觉到炸飞的碎块细末儿又归结成了原来的我，冻僵的四肢自如了，冻僵的躯体灵便了，冻僵的心又怦怦怦跳起来的时候，猛然想起休学出门时那位女老师溢满眼眶又流挂在鼻翼上的晶莹的泪珠儿。"

可能每个错过机会，又用自己的努力扳回一局的人，都会被这段话戳中。这也是很多故事小说的魅力，总能通过各种小细节，触碰我们内心最柔软的地方，让我们和书中人物产生强烈的共情，读的虽是别人的故事，但仿佛自己也是故事的角色之一。

但有的人会说，天天看这类书就是浪费时间，尤其是读网文小说，我并不这么认为。因为很多人读故事小说是为了缓解工作疲劳和压力，而且只是休息时间读了一些，并不影响其他事情。当然也有人拆解书的能力比较强，会从故事小说中学到不少东西。

比如，在玄幻小说中常会涉及人员的集结、闯关的工具、目标的实现，等等。如果将这些延伸到我们的个人目标上，我们完全可以复用它的闯关攻略，帮我们实现目标；再比如，言情小说里有各种不同的人物冲突，若能趁机学点人际关系技巧，那也是极好的。所以说，看故事类书，只要没有浮于故事表面，有去思考故事带给我们的价值，那这些故事就没白读。

我特别喜欢的故事书是儿童故事。实际上，很多儿童故事和儿童绘本，并不只属于儿童，也很适合大人阅读。尤其是不爱看书的人，多看看图多字少的儿童文学作品，收获感可能比一本成人书还要多，因为很多儿童故事都很有深意。

阅读是富养自己最好的方式

比如，彭懿写的《妖怪山》讲了一群孩子上山，有的孩子掉进山缝里，伙伴们没有及时搭救导致小伙伴去世，因此大家深深自责。可能很多人都有过类似的经历，就是原本可以做，但是没去做，过后产生一种非常强烈的内疚感。可能我们没去做的事没有书里影响那么严重，但是那个难受的感觉是类似的。如果这段经历发生在童年，那可能需要一生去疗愈，一直很煎熬到底怎么从这种遗憾和懊悔中走出来。

虽说这是写给孩子的故事，可对大人也有所触动。好看的儿童故事有很多，比如劳埃德·亚历山大写的《想变成人的猫》、英格丽德·劳写的《灵力》，故事内容既有趣又启人深思。儿童故事国内也有非常多优秀作者，比如彭懿、冰波、汤汤，都很推荐。

散文、诗歌、故事小说等虚构类的书更适合在生活平静的状态下去读，或者在经历坎坷之后，心境恢复如初后再去读。但如果你此刻处于非常迷茫、焦虑的状态，那这类书你可能完全看不进去，或者看完之后还是不知道怎么解决眼前的问题。因为诗歌、散文、故事很难快速帮我们找到解决现实问题的答案，它们本身就是需要慢慢品味的。所以在生活没有出路的情况下，我们需要读更多实用类的书，去面对现实问题，并借由书中的方法解决问题。

实用类的书锻炼的是我们行动的手脚，而虚构类的书塑造的是我们的大脑。先用实用类的书去行动，在行动的过程中，再用虚构类的书作为我们的愿景、梦想、价值观的中心，去调整和优化自己的行动。二者是可以兼顾的，只是要结合当前的阶段选择。生活煎熬的时

/ 第五章 /
不同类型的书，阅读方法也不同

候，我们要多读实用类的书，先解决眼前问题；生活平顺的时候，可以多读虚构类的书追求诗和远方。

实用类和虚构类，究竟看哪一种？

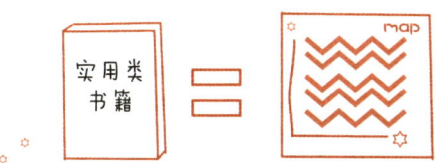
实用类的书籍，是我们行动的手脚和地图

虚构类的书籍可以作为我们的愿景、梦想

生活煎熬的时候，　　生活平顺的时候，
我们要多读实用类的书，可以多读虚构类的书，
　先解决眼前问题　　　　追求诗和远方

实用类的书该怎么读

所谓实用类书籍,主要指包含一些常见的实操方法的书,比如关于认知提升、情绪管理、时间管理、沟通方法、逻辑思维、财富思维、家庭教育、亲密关系、原生家庭的书等。这类书中,好书太多了,该怎么读呢?

先读提升效率的书,学会掌控更多时间

大多数人缺时间,上班族忙,全职宝妈忙,连退休的人也不得闲,哪怕是自由职业的人,也不是真的时间自由。其实忙点儿也好,大家都是为了让自己和家人拥有更好的生活,才会如此忙碌。我只希

望，大家能忙出个结果，不要白忙活，所以我才推荐先读读效率提升方面的书。

多年前，我初入职场时，读过《小强升职记》，这本书帮我提升了工作效率和业余时间的学习效率。我怀孕之后，有很长一段时间没读书。生产之后，孩子夜醒频繁、吐奶，令我每天都很崩溃。直到孩子长大一些，我才知道有专门讲孩子睡眠的书，如果我早知道，能提前看看，也不至于每天连上厕所的时间都得挤。

根据我的经验，越想成长的人，时间越不够用，因为要学的太多，还得顾着眼前的事。所以多读有关效率提升的书很有帮助，比如秋叶的《时间管理7堂课》。虽然整体时间并没有增加，但是做事会更顺利，也更容易出结果。比如在带孩子方面，会发现自己开始省心了一些；在工作、学习方面，发现自己越来越高效，也开始积累一些小成绩，越来越有成就感，自己也会一点点自信起来。

再读心理类书籍，学会情绪解压

效率提升之后，再读一些心理类的书，这能更好地为我们可能出现的各种小情绪提前做好应对措施，也为现在已经有的小烦恼找到情绪出口。

我们常常听到一句话，"放下情绪，放大价值"，但知易行难，情绪终究难以放下，要靠一些专业书籍帮忙。在此，我给大家推荐几本于我而言非常有帮助的心理类书籍。

阅读是富养自己最好的方式

第一本是考拉小巫老师写的《其实你很好》。考拉小巫是资深临床心理咨询师，有着非常丰富的心理咨询经验。如果你经常感到焦虑、不安、迷茫、自卑，或是担心自己不够好，请打开这本书，它不仅能疗愈心灵，让人好受一些，还能给读者提供自我认同、重塑个人价值的方法，有助于读者建立长远稳固的自信心、自尊心和安全感。

第二本是《停止你的内在战争》，讲的是接纳的力量、聆听每个情绪发出来的信号、洞见重要生命关系。书中有大量的自我教练话术，出声念一会儿就能有强烈的感受，就像有一个专业教练在为你做情绪疗愈一样，这能帮你省下价值不菲的一对一教练费。

第三本是《情绪价值》，这本书能教你学会分析每种情绪背后的真相。比如，对另一半大吼大叫，很有可能是内心特别孤独；感觉焦虑不安，其实是因为想"领先一步"，想提前干预看到的风险，但是又碍于能力、时间不够，明明看到了，就是一时解决不了，所以很着急，焦虑不安。很多时候，我们都是当局者迷，没看明白自己陷入了什么情绪，只要看清了情绪背后的原因，就能慢慢调整过来。

第四本是《蛤蟆先生去看心理医生》。这本书提到的情绪温度计、三种自我状态，都特别实用。有时候，我儿子犯了错，我会不自觉地凶他，凶完我就后悔。以前我很困惑，我平时挺温柔的，但为什么遇到一些事会自动爆发呢？看了这本书我才知道，这源于我童年时父母的行为表现，我会自动复刻当年父母对待我的方式。有了这个觉察之后，我就开始调整。

读这些心理类的书籍，我非常推荐出声读，因为声音本身就有治愈效果，而且结合不同的情绪，我们的声音也是不一样的，借此能很快捕捉到情绪的变化。如果只用眼睛看心理类的书，效果是远不如出声朗读的。

别忽视营销类的书，提升自信心

这类书是被忽视最严重的一类书，但我真心推荐大家都去看看，对帮助大家提升自信、获得成就感、积累财富很有帮助。

因为我爸是做销售的，我很早就接触了这类书，印象最深的是乔·吉拉德的书《怎样销售你自己》《怎样赢销》《绝对成交的12个秘诀》《世界上最伟大的销售员》，再加上我大学的专业是电子商务，所以接触了很多网络营销方面的书。工作之后，公司需要运营公众号、微博，我又开始读互联网运营方面的书，比如《运营之光》《超级转化率》《私域资产》《1000个铁粉》等，其间还穿插读过《消费心理学》《社会心理学》这些大部头图书。

初读的时候，这些书真是有点儿看不懂，但是看多了之后，就明白很多道理都是相通的，用在自己的工作上，对业绩有帮助；用在副业做读书账号上，对转粉和出单有效。加之营销的核心还是自己，就会不断地优化自己、展示自己，从而越来越有自信和底气。

阅读是富养自己最好的方式

穿插读财富思维的书，突破认知

最后，我特别推荐一类实用书：财富思维类。这类书可以帮助大家大范围突破固有认知，在财富积累上有所突破。我给大家推荐几本不错的书。

第一本，哈维·艾克的《有钱人和你想的不一样》。在这本书里，作者回答了一个很重要的问题，为什么想着赚钱，但没赚到钱，影响因素到底是什么。其中一个很重要的因素是语言设定。小时候，家人、亲戚和我们说过的话，对我们的财富思维影响很大。除了语言设定，模仿和特殊事件也会影响我们的财富思维。读完这些，我们会瞬间觉醒，找到影响自己财富思维的因素。

第二本，王朝薇的《财富增长》。书中提到，财富自由就是有足够多的时间和足够多的钱做你想做的事情。书中还提到了"财富自转系统"：自动存钱、自动记账、自动还钱、自动赚钱，很适合赚钱速度提升慢，但花钱项目越来越多的人看。

第三本，《纳瓦尔宝典》。书中提到了财富是在你睡觉时也可以帮你赚钱的资产，包括知识资产、股权类经济资产、人脉资产，等等。其中，知识资产和人脉资产对我影响特别大，我能从一个普通的职场宝妈变成一个拥有20万名学员的读书变现导师，主要靠这两方面。

实用类的书其实远不止我提到的这几种。实用类的书像硬币，我们可以先把它们存在储蓄罐里，说不定哪一天它们就能给我们带来

/第五章/
不同类型的书，阅读方法也不同

帮助。它们又像生命中出现的一个又一个人，未必每个人都能产生重要的价值，但只要其中有一个人对我们产生了重要影响，就有可能改变我们的人生。

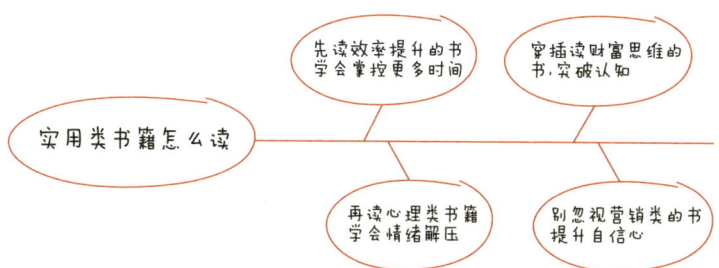

经典类的书该怎么读

经典书籍往往包含着更深刻的思想和哲学、更高的文化价值、更高深的知识，它可以穿过岁月的浮沉，永葆它的鲜活，让不同年代的人读完都有所触动，甚至在一个人的一生旅程中，留下不同时期的印痕。

我曾看过很多遍《三国演义》，从小时候看连环画，到初中时看成语故事，再到大学时对照着电视剧和原著一遍遍翻来覆去地看。上班后，我也经常看。从少年时迷诸葛亮，到成年后迷周瑜，一晃很多年过去了，"年少不懂周郎，懂时已非少年"。

/ 第五章 /
不同类型的书，阅读方法也不同

读经典，要一步步来

其实，对于孩子来说，读经典的意义更大。以《红楼梦》来说，四年级的小学生已经可以读精选章节了。读之前，可以先搜一下四年级或五年级《红楼梦》解读版，看看里面的章节分析。读懂之后，再看初中版解析。从易到难地读，会让孩子觉得，读经典是一种享受，而不是一个学习任务。

如果没有太多阅读积累，我建议孩子不要一开始就读原著。因为原著的阅读难度很大，很可能没读几章就放弃了，反而会对重读造成障碍。

想读经典，先读解读版，比如图解版、解说视频、解读的书，像《华杉讲透论语》，甚至学生使用的解读版本都可以。有一定的基础之后，再反复读原著。这就像看电影时，如果怕错过电影中导演留下的深意和彩蛋，可以结合一些影评去看一样。

要知道，经典作品绝不是一两次就能读明白的，读上数十次都不为过。

读经典时可以关注下作者的其他书

一位能写出一部经典作品的作者，未必每部作品都会火。如果其中有一部作品打动了你，那作者的其他作品，我都推荐读读。

阅读是富养自己最好的方式

比如，在老舍先生的作品里，我翻看最多的不是《骆驼祥子》《茶馆》《四世同堂》，而是《月牙儿与阳光》。这部作品收录了《月牙儿》《微神》和《阳光》三篇小说，是老舍先生仅有的专门描写年轻女性悲惨命运的作品。除此之外，老舍先生再也没有写过这类题材的抒情小说。

这本书与他过往幽默地描写北京老百姓生活与命运的作品不同，故事里暗藏着钝痛又无法呼喊的感觉，里面女性角色悲惨的际遇其实一直存在着，我每每读完除了心痛不已，就是迅速清醒，不再安于现状。

一个能写出经典作品的人，他写的其他书也不会太差，因此不必关注他每本书的评分怎么样，找到令我们有触动的，反复阅读就好。

读经典作品，能把我们的视角拉到一个更高的维度，让我们更加立体地看待生活。一些狭隘的问题、鸡毛蒜皮的事情，我们可能就不会计较了。

经典书和我们的关系就像我们和父母的关系一样，虽然我们会不断结识新的人，但是我们和父母的感情是割舍不掉的，总要回去看看他们。

畅销书该如何选

很多人对畅销书有所误解,总觉得它们只是昙花一现,没有长期的价值。其实,我们现在看到的很多经典书,都是当初的畅销书。

在购买畅销书时,要特别注意以下几点。

不盲信榜单或名人推荐

不是所有被推荐的书都值得购买。买书之前,要结合自己的需求,而不是只看榜单或者名人推荐,一定要结合自己的阅读目的,围绕自己的痛点问题去选书。在看别人分享或推荐的畅销书单时,我们要看这个人对自己的定位是什么,是真诚地分享,还是有其他目的。

阅读是富养自己最好的方式

我始终认为，每个人的推荐都有局限性，即便是我们这样的职业读书人，在给大家推荐书的时候，也只是从自己读过的书里推荐。我们在揣测大家需求的基础上推荐，一定无法覆盖所有的书，也不能百分之百符合大家的阅读需求。

所以，无论是谁的推荐，在选书时，你都要记住一点，那就是一定要围绕自己的实际需求做选择。

学会判断哪本书更适合自己

最开始的时候，我也不会选书，看到别人推荐或者在排行榜靠前位置上的书，我就直接买；抑或买我喜欢的名人出的书。可是我发现，这样选出的书，很多我都不爱看。慢慢地，我总结出了一套"序言选书法"。

在一本书的序言里，作者往往会写到为什么要写这本书，想解决什么问题，筹备这本书花了多长时间，中间遇到了哪些困难，等等。读完这部分内容，基本可以判断出作者够不够用心，作者的风格是不是自己喜欢的。

比如，《效率脑科学》这本书，我读序言时发现，作者在写书之前对很多导师进行了访谈，又在世界各地举办了很多场峰会，还发表了很多篇论文，最终才形成了这本书。我当时就想，就算这本书我看不懂，也值得看上二十遍。

其实，很多好书不在任何榜单上，评分也不是特别高，但是如果细看，就会发现这是一本极好的书。所以，我特别希望大家学会通过序言判断书适不适合自己，而不要被简单的销量、封面、书名等因素干扰。读书，读的是内容，任何其他外在的因素都不重要。

畅销书到底要不要读

很多情况下，畅销书之所以畅销，是因为读者有需求。比如，一个行业中突然出现一个新动态，而大众并不知情，这时就需要这个行业中有经验的人写一本书，帮助大众快速了解上手，这就是这本书的价值所在。比如，AI（人工智能）刚兴起的那段时间，大家都想研究一下具体怎么用，所以短时间出了很多关于 AI 的爆款书。

对于这些畅销书，很多人并不喜欢，觉得不够体系化，内容缺乏深度。但实际上，很多经典书也是过去的畅销书。要相信，我们囤的每一本书，或许都已经走在了成为经典书的路上，时间会检验这些书的质量。畅销书一定是贴合大众需求，而不是取悦一小部分人的。

对于读者而言，一本书畅不畅销不重要，重要的是能不能被应用，哪怕应用其中的一小部分。再好的书，不应用的话，也不过是一页纸而已，还是对我们有负担的纸。书只有能被应用，才能展现它的价值。

难读的书怎么读

除非考试需要,或是必须得读,难读的书我们可以先放放,不用现在必须"啃"下来。但遇到难读的书一定要分清楚,它对我们而言为什么难?

书难读的原因

第一,超过目前的知识积累。

很多书我们读不进去、读不懂,是因为它涉及的很多词汇、知识,几乎不会出现在我们的日常生活里。比如,我以前读理财报税方面的书,就像被架在火上烤一般煎熬。单独看每一个字,我都认识,

第五章
不同类型的书，阅读方法也不同

甚至很熟悉。可是，把它们组合在一起，我却对它们陌生无比，看起来一头雾水。

虽然痛苦，但我知道，越是难读的书，越是自己的知识盲区。这是以前欠的知识债，现在不读，早晚也得读。在创业后的很长一段时间里，每次看到财务报表，我都想对着大学方向大喊一声："老师，对不起！"当年愚昧无知、年少轻狂，总是逃避学习。现在要用了，还得从头学，一点儿都躲不过。

因此，遇到难懂的书，要先看看是不是眼前急用，或者将来很可能用得上。如果是，那就咬牙坚持读，用主题阅读法读，先快速浏览基础概念，或者基础方法论，哪怕没理解、记不住，也没有关系。在短期内大量阅读一个主题的书，结合不同作者的解释，就能够快速加深对书中内容的理解。

比如，我读《四元八步·脑友好型课程设计》就是这样做的。最初拿到这本书的时候，我快速翻看了一遍，发现书里有很多超越我理解能力的语言。书中说的很多内容，我完全没接触过。这就好比，一个专家在非常细致地告诉我怎么造原子弹，他举了大量的例子，他讲的每一个词我都感觉很新鲜，但就是听不懂。

为了读懂《四元八步·脑友好型课程设计》，我去找了与这本书同主题的书，总共将近 30 本。我先读其他的书，最后读这本书，结果，一个月的时间，我就全都读完了。如果最先读这本书，我估计一个月也读不完。

很多我们觉得难懂的书，大体是因为缺乏相应的经历，或是和对方的话语体系不同，想不到什么应用的场景。用主题阅读法可以比较好地解决这一问题。

第二，与自己的性格脾气相差太远。

比如，我是一个大大咧咧的人，有什么直接说什么，做事也是快刀斩乱麻。很多时候，我们团队的人问我为什么要做一件事，我给的都是同一个答案：想做，没理由。我就是这样一种风格，不会想得特别透彻才去做，而会边做边测试。觉得效果不错就继续做，觉得不好就边做边优化。

/ 第五章 /
不同类型的书，阅读方法也不同

当然，如果给我一本书，让我证明和推理，我会很崩溃。我看《稀缺》的时候，就有这种感觉。看了两遍，都没看明白它要表达什么意思。书里都是举例、证明，我就想，为什么不能直接给结论？看懂了之后，我才发现，作者一开始就写了结论，只是我没看懂。

其实，很多书都是这样，不是内容真的难以理解，而是实在和自己脾气不搭。看不进去的时候必须逼迫自己静下心来看，虽然最后也能看懂，但阅读的效果并不理想。对此，我的破解方法是画图，看一段画一段，把我的理解用图形、图表的形式画出来，比如找找关键词之间的联系，这样，心慢慢沉下来了，书也看懂了。

第三，排版的问题。

很多书不好读懂，其实是吃了排版的亏，从头到尾都是黑字，而且特别小，密密麻麻地排在一起，看上去就让人头昏脑涨、眼花缭乱。

内容本来就不好理解，排版又这么让人头疼，看不进去实属正常。在这种情况下，我建议大家使用荧光笔、便笺纸、彩色油性笔等，手动增加排版的可读性。很多经典作品的某些版本，其实排版都不那么完美，比如《影响力》《乌合之众》，鉴于内容不错，我们不妨动动手，争取早点儿把书消化了。

阅读是富养自己最好的方式

读不懂的书，两种"平替法"

对于想读但难读又读不懂的书，我提出过一个方法，叫平替型阅读法。例如，最开始读《金字塔原理》时，我觉得这本书很难分享给大多数人，朋友就给我推荐了很多与金字塔原理相似，但理解起来更容易的书，这种找"平替"的阅读方法，就叫平替型阅读法。

平替型阅读法有两种表现形式：一种是用图像加以诠释，把难读的书进行内容拆解，结合图片去读；另一种是用案例加以诠释，使用书里的一些方法论进行实践应用，结合大量的案例去理解。

比如，李忠秋老师团队创作的《结构思考力》，其理论来自《金字塔原理》，书里有很多企业培训的案例，就让读者更便于理解了。

下地宽也写的《逻辑思维，只要五步》，因为加了配图，就让逻辑思维变得通俗易懂了。

王朝薇的《财富增长》，也是因为加了很多配图，对抽象的财富名词、财富流动规律进行了更加生动的展现，所以更好理解。

至于文学类的书，平替就是少儿版或者解读版。

方法类的书找平替，可以从购书 App 上看一下买这本书的人大多还买了其他的什么书，再从同类书中找图多好用的。

/ 第五章 /
不同类型的书，阅读方法也不同

阅读，要不断走出舒适区

阅读中遇到读不懂的书，其实是个积极的信号，说明我们又要解锁一块新的阅读版图了。哪怕我们在其他版图里已经是个阅读王者，但在新版图中，我们还是需要从头开始读，一点点消化吸收。我们经常感觉到"尽管读了那么多书，却对另一个领域一无所知"，就是这个原因。

拓展阅读版图的过程，也是丰富和完善我们的阅读体系、阅读框架的过程。这个过程虽然有些痛苦，但开疆拓土的成就感会让人万分憧憬。

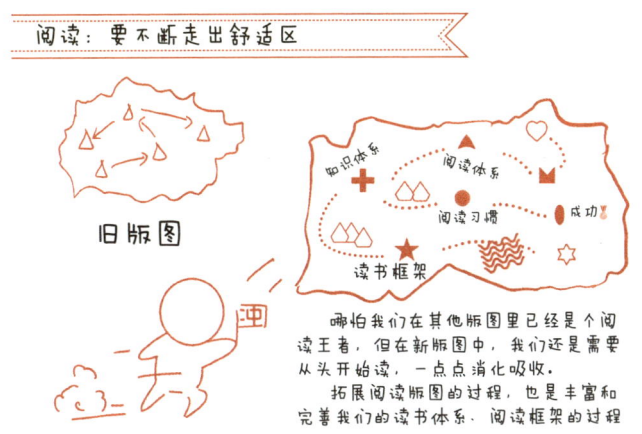

阅读是富养自己最好的方式

当然,读书时也没必要每天都去挑战自己的舒适区,一年一本足矣。比如,《穷查理宝典》这本书是查理·芒格的经验合集,书很厚,知识点又很细碎,可以用一年时间去读。类似这样难读的书,我们可以读慢一点儿,细"嚼"慢"啃"。而且,不要独自去"啃"难读的书,可以组织共读会,设立奖惩规则,互相打卡监督,每天在群里分享读的内容,简单地和大家交流。这样做,再难的书也读得完。

读难懂的书就像开拓阅读领域的疆土,每读懂其中的一部分,就清除了一个自己的盲点。有句话叫,人生欠的债早晚是要还的。这本书读不懂,就说明过往的人生里这个方面的内容我们不知道,现在不读,早晚也得读。我们该要走的路,一步都不会少。

书就像一面镜子,它既能照清楚我们当前的样子,也留着我们过去的影子。在不同的人生阶段阅读同一本书,书还是那本书,而我们看见的却是全新的自己。

每多让一个人读书,就是多富养自己一分!

第六章

学会拆解书，做不一样的读书人

拆解一本书的奥秘

我在课程中经常会提到"拆解书中的道法门,找到自己的精气神",那么什么是拆解书呢?拆解书跟我们自己读书有什么区别呢?

什么是拆解书?拆书的概念源自赵周老师的《这样读书就够了》,是一种独特的拆书学习的方法。我理解的拆解书,是把书中一些有用的部分先拆出来再解读的过程。

如何拆解一本书

第一,提炼有用内容。

一本书中,什么是有用的部分呢?主要有三个。

一是痛点部分,指的是很容易引发共鸣的内容,无论你是写文章、做课还是做账号,只要想让大家产生共鸣,这部分内容就很实用,一定要提取出来,吸引受众继续往下看或往下听。

二是方法部分,方法能让人有收获感,增加拆书内容的价值感。

三是刷新认知的部分,它可以是某个概念、某句观点,大家过去没看过、没听过,或是语言更简洁精练,且更有力度,抑或是作者一针见血地指出问题的核心。这样的概念或观点不仅让自己备受启发,还能在分享给别人时,提升别人对我们的认可度。在读书时,我们可以用不同颜色的笔把这些内容圈出来,做好标注。

第二,解读。

为了更好地消化理解书,我们可以通过图形加箭头的方式梳理书中的内容关系,也可以通过举例子、打比方的形式,让书中内容更加立体化、生活化。

第三,梳理逻辑。

作者在写书时,可能会把相同、相近的观点、方法,放置于不同的章节中。这种情况下,读者读起来会很累,也会有重复感,因此,最后还需要对这些内容进行逻辑梳理。文学类的书,可以通过画思维导图梳理逻辑,方法类的书则更适合用合并同类项阅读法。

在梳理逻辑的过程中,有个重要的注意事项,就是不要被书的目录干扰,而是按照大家对这本书的好奇点或者期待点来梳理。通常,书的章节目录和我们拆解书的逻辑是不一致的,我们需要思考的是大家看到书名时的第一反应是什么、期待是什么、需求是什么以及好奇点是什么。

比如，《财富增长：从 0 到 1000 万的财富自由手册》这本书，我看完书名后，脑海里会出现一些典型想法："财富怎么增长？""为什么我没有钱？""我什么时候才能财富自由？"等。

如果读完书要写篇文章，那么这几个问题应该是小标题；如果是讲书，那么这几个问题应该是分享内容的大纲框架。相对应的素材，我们可以在阅读时从标注的内容中提取出来。

如何发布一本书

拆解完的内容，可以发布到哪里？

第一，在自媒体账号上发布。

我们可以把笔记内容和阅读感受发出来，也可以为一本书写推荐语，或对书中的片段进行解读。

这种方式就和我们看完电影可以分享台词，也可以介绍这部电影值得看的理由，或为电影写一篇影评、做一个讲解的短视频的逻辑是一样的。

很多人在读书时，也曾这样记录过，但只是发在自己的朋友圈里，或写在笔记本上。我建议大家发在所有人都能搜到的一个公域账号上，比如抖音、小红书、头条号、豆瓣等。这样能及时收到反馈。没有反馈的话，不仅容易没有更新动力，还容易陷入"自嗨式输出"的误区。

第二，分享到一个社群里。

自己组建或者加入别人组织的学习型社群，都可以进行分享，图文、语音不限。对于新手来说，讲这本书的一个知识点就好，没必要追求第一次就讲一整本书。至于分享时间，以 15 分钟左右最佳。新手可以提前写好分享逐字稿，分享的时候照着念，把语音发到群里就可以了。

第三，做线下分享。

比如，我们可以组织一个小型分享课堂，给大家讲一讲书里的精华内容。可以提前做好 PPT，在居住的小区或所在的学生家长群体里给大家分享。这样的分享很受欢迎，因为大家基本都没时间读一本书。

什么人更擅长拆解书

拆解书是件很耗费时间和精力的事情，完整拆解一本书大概需要一周左右的时间。想学拆书，必须保持足够的耐心，必须坐得住。至于其他技能，可以从头学，一点点练出来。

在拆解书领域，逻辑思维强的人几乎能一眼提炼出这本书的框架，所以拆书速度很快；逻辑思维弱的人慢点儿也没关系，可以用合并同类项阅读法，把书的笔记整理出来，接着概括小标题，再一步步概括总结出书的框架内容。

阅读是富养自己最好的方式

我一直认为，一个人逻辑思维不强没关系，没有天赋也无所谓，只要能坐得住，就肯定能学会拆书技巧。如果你想把书中的知识内化成自己的收获，并能分享给别人，一定要试试拆解一本书。

研究拆书是一件能让人更有自信的事情。当我们有了自己的拆书作品，哪怕只是"二手"提炼，依旧能够帮助那些没空看书的人，让他们通过读我们的文章和听我们的音频，去获取书中的知识。

我知道，很多人根本不爱看书，也不爱听书。但有一种可能是，有的人听完我们的书，会觉得看书或听书挺有意思的，他们可能会就此产生看书或听书的兴趣。你永远不会知道，自己的哪个拆书作品会让一个人燃起对书的热爱之情。

学习讲书，全面提升拆解书的能力

如果你想要全面提升拆解书的能力，可以从讲书开始练起。讲书就是讲解书中有价值的内容，帮助大家更好地理解并进行应用。我们可以在家里给孩子讲书，也可以在小区、学校做分享，还可以线上讲书。

什么人适合讲书

讲书不一定需要出镜，但大多数情况下需要出声，不方便的话，也可以选用图文形式在社群或者自媒体账号讲。那么，什么样的人更适合讲书呢？

阅读是富养自己最好的方式

首先是喜欢分享的人。讲书可以提前做准备，基本不需要即兴发挥，我们大可不必担心自己讲得不好。比如，要录一个荐书视频，我们可以提前写好文稿再录制，把讲得不好的部分剪辑掉。图文讲书和视频讲书，也可以照此操作。

很多人不敢讲书，其实是缺少讲的勇气，这背后的一个原因也许是面子。如果真的怕自己讲得不好，怕身边的同事领导看到不好，可以先以图文的方式讲书，发布在自媒体账号，再慢慢过渡到音频讲书、视频讲书、直播讲书、线下讲书。另一个原因是比我们讲得好的人很少来听我们讲书，他们和我们的接触有限，对我们的评价少之又少。我们能覆盖的人群大多是没有读过这本书的人，或是没像我们这样深入钻研过这本书的人，我们只要讲解一下书中的这些精彩内容该如何理解、如何应用，起到抛砖引玉的作用，这就足够了。

在讲书过程中，紧张害怕是十分正常和普遍的现象，它从侧面说明我们很在意这件事。我相信，只要用心讲了，就会有很多人给出正向反馈。那些比我们读书更多、理解更深的人，也会给出正向反馈，因为他们阅历深、经验足，更有包容心。

我曾经一讲运营类的书就紧张害怕。一方面，因为我没什么名气，怕别人不接受；另一方面，有些人读得比我早、比我多、比我深，和他们比起来，我还是个初级选手。

出乎意料的是，我战战兢兢地讲完之后，很多人给了我正向反馈。我知道自己没名气，他们不是给我面子才鼓励我，这反而增加了我的信心。那时，我最深的感受是：书讲好了，会多一个高光时刻；

万一没讲好，也多了一份人生阅历。但肯定的是，只有你敢讲，才能最终讲好。

其次是**热爱书且真诚的人**。图文讲书往往看不出讲书人是否真的热爱读书，但是通过音频、视频、直播、线下讲书，别人能够迅速感知到讲书人是否真的热爱书，是否真诚地分享书。

我第一次线下讲书时，非常担心自己讲不好。大家从我的身体姿态就能看出我的紧张。我无法完全呈现自己的能力，只是很真诚地讲内容。尽管我自认为发挥不好，但台下的听众依然因为我的真诚而得到了收获。现场观看的资深培训师也感觉我讲得很好，很有内容。在这种鼓励下，我才继续自己的讲书之路，直到后来转变为职业讲书人。

新手适合讲哪类书

很多讲书人刚入门时，不知道自己讲哪类书合适。**通常来说，新手更适合讲拆解方法类的书而不是文学类的书。因为方法类的书往往更容易聚焦，更容易提炼内容框架。**

2021 年，尹慕言的新书《掌控 24 小时》上市时，找我做宣传，我便召集我的学员为这本书写各种书评和拆书稿。

这本书讲的是职场宝妈的时间管理问题，恰好切中了一个正处于新手阶段的学员的痛点。她从痛点出发，写了一篇讲书稿，其中提出了大家普遍具有的痛点，引发了广泛的共鸣，反响出乎意料地好。随

阅读是富养自己最好的方式

后,她又写了一篇文章,讲的是在时间管理上会遇到的主要问题以及解决这些问题的方法,抽丝剥茧地将书中的相关内容娓娓道来。

她的讲书稿写得很好理解,还能引发人们的共鸣和好奇心,让人想听后续的文章。作者听完她的讲书之后,也大为称赞。她的讲书稿后来成为很多人学习的模板。

如果新手讲文学类的书,或者内容逻辑性不太强的书,就很难找到着力点,很容易为了讲书而讲书,只是单纯复述书的内容,无法讲出亮点和新意,让人听起来很困倦。因此,我非常推荐大家使用方法类的书来练习讲书。我整理了一份新手讲书书单,希望可以给大家一些参考。

表 6-1　新手讲书书单

时间	讲书类型	书单
第 1 个月	个人成长类	《换位沟通》《坚持,一种可以养成的习惯》
第 2 个月	家教方法类	《童年不缺爱》《孩子一学就会的黄金口才课》
第 3 个月	个人成长类	《逻辑说服力》《逻辑思维,只要五步》
第 4 个月	家教方法类	《自律的孩子成学霸》《自驱型学习》
第 5 个月	个人成长类	《有钱人和你想的不一样》《财富增长》《纳瓦尔宝典》
第 6 个月	个人成长类	《疯讲:超级演说、讲课与沟通结构设计》
第 7 个月	个人成长类	《规划最好的一年》《最重要的事,只有一件》《如何想到又做到》

/ 第六章 /
学会拆解书，做不一样的读书人

如何训练自己的讲书能力

想要成为一名优秀的讲书人，需要训练一些基础技能。其中，技能其实很好掌握，难就难在心态。

我常说，想要成为一名优秀的讲书人，需要敢讲且持续讲。别人已经讲过的书，要敢讲；别人没讲过的书，更要敢讲。播放量不好时，要持续讲；评论区有负向反馈时，更要持续讲。即便那些能走进企业、单场收益超过5位数的人，他们的秘诀一定也离不开这几个字：敢讲、持续讲。哪怕有些书有人讲过，甚至有专业人士讲过，但只要有一个人听，都值得再讲一遍。

我做讲书人培训时，大多数时间是在鼓励、认可学员，给出我的正向反馈。在技法的教学上，我花的时间并不多，因为大家很快就能学会。大家的难点在于不敢讲、怕讲不好。我特意为此做过调研，分析为什么想学讲书的人总是卡在不敢讲上，虽然他们能很好地写作、录音、录视频，但是一旦实时讲、线下公开讲就会很紧张。结果发现，这和读书人本身内向者居多有关，相较于出去玩儿，他们更喜欢一个人读书，能不和别人打交道，就绝不和别人打交道。

即便性格不易改变，我还是非常建议大家突破舒适区，到现实生活中验证我们讲的质量。每多讲一次，我们对书的消化理解就更深一层，慢慢地，这些书仿佛会深入我们的骨髓，而讲书只是我们加深自己消化书的一个过程，同时顺便给大家做了分享而已。

练习讲书技能，我们可以多试试直播讲书，哪怕不出镜，只是出声讲书，也要去试试。在直播间讲书，不必讲完一整本书，只讲书中的一部分精华内容就可以。我们可以在直播间讲一讲自己为什么开直播，比如陪大家读书养成阅读习惯，这样观众每天都会来，我们就不用担心直播间没人了。

学讲书的好处

在讲书的过程中，我发现了自己的很多优势。

第一，直播能力。

我最开始并不讲书，只是看书、写稿，写了很久都没写出什么名堂。一个偶然的机会，我给大家做讲书分享。没想到，大家觉得我的声音很好听，很有治愈力，我这才知道我的声音是一个加分项。于是，我开始尝试音频、视频、直播，发现出镜和出声是我的优势能力。如果反过来，一开始就和我说我很擅长直播，很有镜头感，我一定是毫不相信的。通过持续的讲书训练，我最终走到这一步，发现自己在直播中确实表现更好，才认同自己具备这个优势。

第二，对象感。

讲书时，需要传递给大家的有声音、状态和情绪，为了更好地呈现，我会对着镜子练习讲书，把镜子里的自己当作观众，面带微笑和她分享我讲的内容。这样一来二去，我就具备了对象感，而这种能力在写文章、写课、与人相处时都非常有用，能够快速把握对方的需求,一下抓住对方的痛点,让我做事能轻松抓住重点。

第三,更自然的状态。

我在录很多课程时,都是提前写好稿子,但大家都说:"小钱老师,你录的不像是提前写好的稿子,一点儿念稿的感觉都没有。"因为,讲书多了,即使是念稿,也会很自然。

除此之外,我发现讲书还挖掘了我的逻辑能力、做PPT(幻灯片)的能力,等等,如果不是去训练讲书,我可能觉得这些能力我没有,或者不出众。但是讲书的过程让我的这些能力得以凸显和扩大化。

我一直认为,是讲书成就了我,让我登上更大的舞台。而且讲书人这个标签也很容易激发我和大家的联结。比如,大家会问"什么是讲书人?你都讲什么书?在哪儿讲书?"等问题,这就化解了我自我介绍时不知道讲什么的尴尬,我只要说自己是讲书人,别人就会自动提问,那我顺着对方的提问解释一下就好了。如果你也是一个内向的读书人,不会介绍自己,那就说自己是个讲书人,如果谁对讲书感兴趣,就把提前录好的讲书音频发给他,这样大家听了我们的讲书内容,就对我们有更深的了解了。

当我们介绍自己是个讲书人后,会陆续得到一些线下分享邀请,即便同台的都是比我们厉害的专业人士,但说出自己是讲书人的时候,大家也会对我们多一分尊重。如果对方有书,还会主动请我们讲讲他的书。所以说,"讲书人"标签是帮我们实现破圈的一个很好的方式,也有助于让我们联结高质量人脉。

如何写讲书稿

想要讲好书,需要提前写一份讲书稿,哪怕是在视频里讲书中的片段,也需要写出 300 字左右的讲书稿。那么,讲书稿如何写呢?

荐书视频稿

想在视频里推荐书,先要考虑视频时长。如果是 1 分钟短视频,可以使用"黄金 5 秒 + 抛出亮点 + 亮点解读"的结构。很多人的问题是会找亮点,却不会写黄金 5 秒的文案。

怎么办?可以多去抖音、小红书搜和书有关的视频,专门看点赞量 2 万以上的,分析开头的写法。比如《人间惊鸿客》这本书,开头可以写"如果你最近不开心,就来看看这本书"。接下来围绕这本书的亮点进行解读。

如果做中视频,也就是 1~5 分钟的视频,可以使用"全书概括+亮点罗列"的结构。比如《被讨厌的勇气》,开头可以概括成"这本书给了我们五种勇气,让我们不害怕被讨厌,帮我们获得自信和自由"。接下来分别介绍是哪几种勇气。

在概括书的时候,要考虑听众的兴趣点和痛点,比如《贪婪的多巴胺》这本书,就是讲多巴胺的,怎么吸引听众听我们讲书呢?开头可以这么写"很多人认为多巴胺仅仅是让我们快乐的东西,但这本书会让我们发现,它还是能左右我们一生,甚至左右整个世界的东西。全书通过三个方面,让我们理解多巴胺"。接下来,再逐一讲解。

读书会讲书稿

在读书会里,如果是单次分享,给大家讲一下某本书的几个知识点就行。讲书稿可以采用"主题介绍+内容大纲+细节讲解+总结或互动问题"的结构。

比如,在社群里讲我的第一本书《如何有效阅读一本书》,以选书技巧举例,开头先抛出主题,并介绍主要包含哪几个方面的内容,然后开始逐一讲解。讲解完内容,再写一个互动话题,用来避免大家无话可说,或不知道怎么回答而冷场。

线下讲书稿

线下讲书的时候,我们可以使用下面的表格,梳理讲书逻辑。

表 6-2 讲书逻辑梳理表

时段	细分主题	时间（以分钟为单位）	结构	是否互动
14:00—14:05	自我介绍、主题介绍、框架介绍	5	MTVB①	是
14:05—14:45	知识点 1 是什么	2	WWH②	否
	知识点 1 重要性	2		是
	知识点 1 操作步骤	10		是
	知识点 2 痛点介绍	5	PRM③	是
	知识点 2 痛点原因分析	10		是
	知识点 2 解决方法	11		是
14:45—15:00	互动答疑	15	—	是

用这个表格,我们可以在写内容之前在心里打好腹稿,规划好不同内容分别讲多久,用时间衡量内容要点的比重。

---

① MTVB:即自我介绍的简单方法。M(Me)——我是谁;T(Thing)——我做过什么事情;V(Value)——我做成过什么事情;B(Benefit)——我能提供什么帮助。
② WWH:即学习方法最完美的概括。W(What)——是什么;W(Why)——为什么;H(How)——怎么做。
③ PRM:即学习和决策的思维模型。P(Phenomenon)——现象;R(Reason)——原因;M(Measure)——解决方案。

我写讲书稿的时候，有几个步骤。

第一，搜集这本书的资料。

先搜下爆款文章、视频里的亮点，作为讲书的突出点。

第二，列讲书大纲。

根据表6-2的预计讲书时间分配内容，把讲书大纲列出来。

第三，根据大纲写逐字稿，并照着念。

写完稿子之后，通读一遍并录音，录完了自己先听一遍，如果有听不懂的地方，就说明句子有问题，可以立刻暂停去看原稿，并把这个句子标红，回头再想办法改。如果能每读一遍都听着录音改掉读不顺的地方，那么我们讲书时就会很受欢迎。

第四，线下讲书只准备PPT，不写逐字稿。

线下讲书的时候，需要与台下的人交流，不能只是低头念稿，用PPT沟通效果会好很多。

我有个学员已经四十多岁了，他以前读书不多，写作能力也一般。最初，他从荐书视频稿开始练习，然后试着去读书会讲书，最后去线下讲，一路练下来，几个月的时间，他的讲书质量就已经很好了。

写讲书稿对阅读的帮助

会写讲书稿的人，都是阅读的"吸星大法"练得好的人，越会写讲书稿，越会"吸"书，也越对阅读这件事情感兴趣。因为写讲书稿这件事，就是要提炼一本书中能让别人特别感兴趣的内容。

首先，写讲稿能训练我们的对象感。

很多人之所以不愿意读书，或读不进去书，就是因为他们在为自己而读，并没有对象感，所以总是读得很累。但是写讲书稿时，我们要思考的是：听众喜欢什么内容？他们在这方面会考虑什么问题？哪句话能引起听众的兴趣？什么样的观点更能让听众共鸣？有了对象感，就很容易写出好稿子。

其次，写讲书稿能提升我们的思考能力和取舍能力。

哪怕是最简单的并列关系，至少要找到三个要点才能并列起来，这就需要我们学会从书中提炼至少三个要点。能从一本书中提炼三个要点的人，一般可以在生活中提炼一切问题的关键点。

很多人写完讲书稿之后，会加强对书的消化。因为我们在写讲书稿时，有时会按照"是什么、为什么、怎么做"去写，有时会按照并列的方式去写。在写稿的过程中，我们往往更能感受到书的层次，进而更享受阅读。所以，能写讲书稿的人都是很享受读书这件事的人。

此外，会写讲书稿的人往往非常擅长取舍。一本书有几百页，如果将近 10 万字浓缩出来，就需要撰稿人不断地取舍，既然会不断取舍了，生活还有什么选择难做？

写讲书稿的过程，要站在听众和读者的期待上，思考他们想要听到或看到的，能让他们秒懂的句子。听众是第一位的，作者是最末位的，中间连接他们的，就是我们讲书人。

/第六章/
学会拆解书,做不一样的读书人

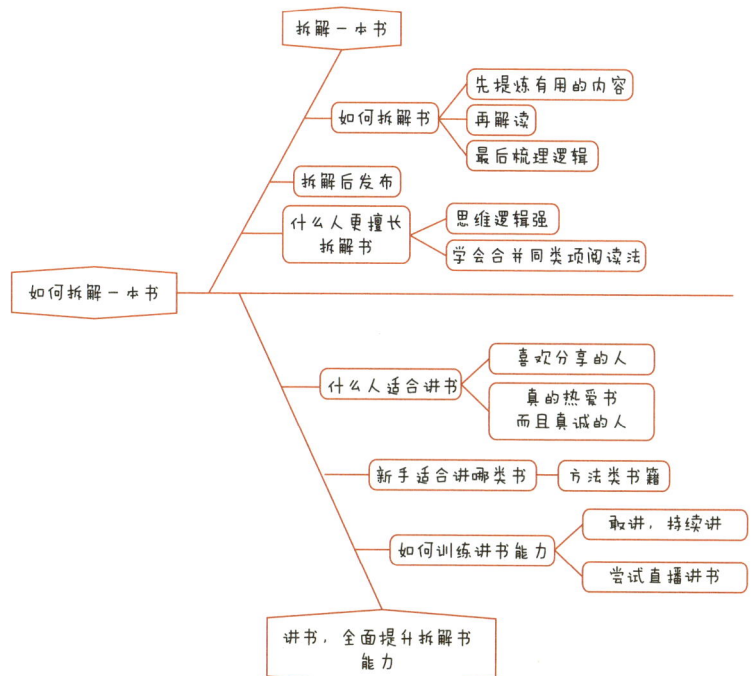

学习拆解书能带来哪些职业机会

主业探索

在公司内,如果你想要有更好的职业发展,往往有两个方向:一是提高本职工作的工作效率,二是转岗做本公司的核心业务。无论往哪个方向走,多读书都是最好的助推剂。

我刚开始参加工作时,做人事行政的相关工作,为了和各个部门沟通得更顺利,提高自己的工作效率,我看的大多是提高沟通能力的书籍。

在完成本职工作之后,我想有更多被看见的机会,想要升职加薪，就要转到公司的核心业务部门，因此我就需要读书，去学习核心业务部门的相关技术和能力。

很多人会认为自己太忙，没时间学习转岗所需的技能，或者岗位不同，学的内容也不同，感觉读书不一定有用，去了公司的核心部门，学的知识也不一定用得上，于是坚定地不学了。在我看来，这些不过是一个个经不起推敲的借口。

其实，职场进步最重要的就是，要么提高自己的工作效率，要么提高自己在公司的核心业务部门的能力。我建议大家要么提高工作效率，要么多读销售和营销类的书，多去拆解一些这方面的书，学一些有利于提升我们相关业务能力的技巧。

副业探索

学会拆解书，可以让我们有机会联结原作者。我曾经将写的书评等发在微博上艾特原作者，结果那篇文章获得了打赏。后来，我拆解了一些书，作者虽然不知道我是谁，但他们可能会在朋友圈里询问："这篇文章写得很好，有人认识她吗？"他们会通过各种方式联系上我。待他们再有新书上市时，会邀请我为他们写一篇拆书文章。

这些年来，我一直非常鼓励大家通过写书评和分享书去联结作者，也非常推荐大家去各个自媒体平台上发布写的这些内容。

魏策老师写了一本书叫《道是风雅却寻常》，讲的是宋代的一些故事。出版社在营销这本书时，我帮忙找了二十几个人写这本书的书

阅读是富养自己最好的方式

评。当时我还不认识魏老师,从出版社那边得知,魏老师把每一篇书评都认真地看了一遍。其实很多作者会认真地看别人写的内容,或在自媒体上翻一翻大家对这本书的评价,这样,你与作者自然而然就会产生下一步的联结。

职业读书人

人们总认为,读书博主只是单纯在做内容的人。但实际上,==读书博主不仅是会看书、懂账号运营的人,还是有商业头脑、懂得建立渠道的人。这些技能都和读书有关。==

第一,要多拆解互联网营销类书籍,学习与此相关的知识很重要。

现今,几乎所有的副业方向绕不开互联网营销行业。例如,一位宝妈在小红书上拍短视频卖石膏娃娃,主要内容就是拍一些日常生活。比如,她往石膏模具里灌石膏水,制作石膏娃娃,因此受到了广泛关注。如果她只是在做这件事而没在网上发过视频,就没有人能在网上买到她的石膏娃娃。我是在踏入运营圈的那年才逐渐通过读书明白了学习互联网营销的重要性。后来,读了《走红思维》之类的书籍之后,我越来越明白公司的核心业务是拼业绩。

第二,要学习知识产品设计。

我经常给大家推荐方军的《知识产品经理手册》这本书,其中精彩之处是,这本书把我们能做的事情用一个知识产品的形式展现出来,也对知识产品的内容做了一个梳理。还有很多类似的书,读这些

第六章
学会拆解书，做不一样的读书人

书能让我们明白，无论什么样的产品都可以分成引流产品、现金流产品、利润产品、核心产品、黏性产品。那我们就可以有针对性地设计自己的不同类型产品，或者对自己接触到的产品进行梳理。

我刚开始做读书副业时，写书评能收到一些赠书但没有稿费。一年之后，我的副业可以月入几千元了。我的收入之所以突然间提升，就是因为我开始看互联网营销相关的书了。那时候，我知道产品可以怎么卖，但还没有自己的产品，于是卖别人的产品，帮很多人卖产品，甚至他们没有产品可卖时，我会催着他们生产产品。

第三，学习商业模型设计。

有一本书叫《机遇变现》，它教我们如何像经营一家公司一样经营自己，进一步设计个人商业模式。我们的个人商业模式越清晰，就越吸引人。最开始我们也不会做，只能通过读书或者研究别人的商业模式和经营模式，从中分析学习，这也是一种身份角色的变化。

在看这类书之前，我只是个读书人、讲书人，一直处在一个内容人的位置。但当我看了一些这类书之后，虽然我没有立刻成为一个营销人，但我在做内容人的基础上有了点儿营销的能力。其实，很多内容人最缺的就是营销能力，他们的内容或许做得比我好，但他们没有营销能力，导致一直没有挣到钱。

这些商业思维的书读多了，慢慢自己会转化到企业角色，把自己做的项目像企业项目一样梳理，考虑问题时也会站在全局上去思考，去考虑行业生态、国家政策以及产品的上下游供应链，和谁可以产生合作，未来十年可以做些什么，等等，这些书对自己的提升是深远的。以前我只做力所能及的事情,但现在我会考虑得更长远,多思考自己所在项目的社会价值。

回顾我多年来的经历,从读书到研究内容,再到获得更多的技能和机会,这些成长都得益于拆书。我在拆解一本本书的过程中懂得了如何从只专注内容到逐步提升营销能力,从开发产品到打造商业闭环模式。同时,我的收入也越来越高。

总结起来的话,学习拆解书,我们会经历三个阶段。

第一个阶段,内容阶段。这时,我们可以基于书读书、拆解书、讲书。

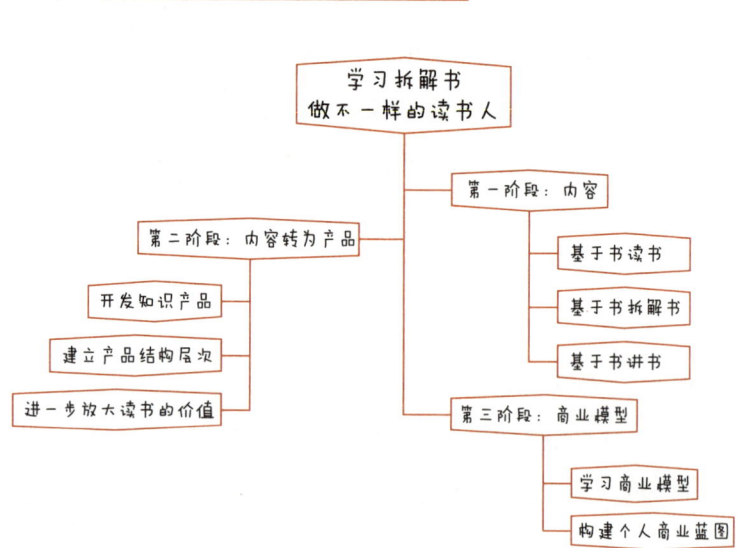

第六章
学会拆解书，做不一样的读书人

第二个阶段，从内容转为产品。这时，我们可以开发知识产品，包括引流品、变现品，而且我们的产品开始有结构、有层次，用产品进一步放大读书的价值。

第三个阶段，学习商业模型，构建个人商业蓝图。这时，我们有了领导思维，会像企业家一样去思考。

读书这件事是可以实现财富进阶的。我们不要只停留在读书这个层面，而是需要一步步去打怪升级，持续积累。

我们读书是为了去看更大的世界，是为了丰盈自己，没必要拘泥于自己只是个读书的内容人。在这个内容人的身份上，我们可以插上营销、产品、各种商业思维的翅膀，只有这样，我们才能飞得更远。

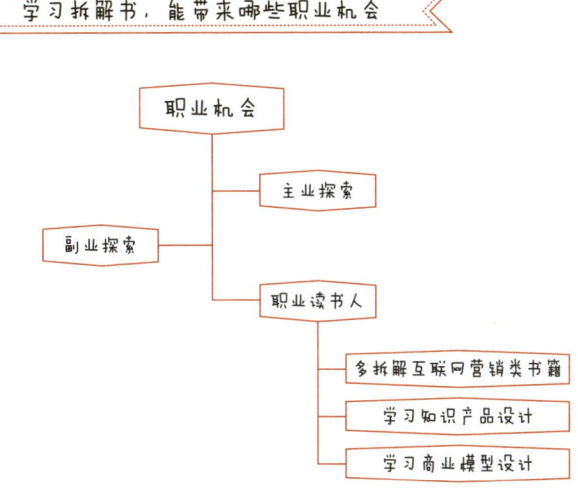

每天读书 5 分钟,富养自己大不同!

第七章

阅读的习惯让富养成为自然而然的事

发现趣味感,对阅读上瘾

很多人都有一种感觉,一打开书就犯困,怎么都看不进去。而且,很多书买回来一直没拆过,即便拆开也基本看不完。因此,很多人问我是怎么做到每天读书的,甚至有不少朋友问我,是不是爱读书是天生的。在我的第一本书里,我分享过一套帮助大家从不爱读书到慢慢习惯读书,再到爱上读书的方法。在这里,给大家分享一些新内容。

读书少,不全是我们的错

很多人读书少,不是因为自己天生不爱读书,而是受成长经历的影响。

/ 第七章 /
阅读的习惯让富养成为自然而然的事

我有个朋友在工厂做管理工作,他说自己前40年特别讨厌读书,看书是遇到我之后才有的习惯。我很好奇他为什么会这样,他说,他家兄弟两个,弟弟从小就爱读书,他这个哥哥却是反面教材。成绩不好、上课捣乱、被老师叫家长,父亲气得经常对他棍棒相加,他就更反感读书了。长大后,他靠自己的力气和豪爽的性格,工作还算顺利,虽然过得不富裕,但养家糊口没问题。他一直觉得读不读书都一样,日子终究是照常过。

遇到我之后才发现,读书和他过去的理解特别不一样。以前他觉得读书很枯燥,密密麻麻都是字,根本看不进去,哪知道还有图画类型的书,比如我给他推荐过的《财富增长》,既是他感兴趣的关于财富的书,又不全部是字,看插图也能看懂。

所以说,过去读书少,不全是我们的错,既可能是我们没有遇到让自己喜欢上读书的人,又可能是还没遇上合适的书,没有过有趣的读书体验。

只想读小说,读不进去其他书怎么办

很多人喜欢读网络小说,觉得趣味十足,甚至痴迷到废寝忘食,这样的阅读体验好不好?

我想,很多人会说,一个人读什么书,应该是自由的,读小说亦是。在无法掌控生活的现实世界里,我们有太多的不如意,读小说可以让心情放松一点儿,在虚拟世界中让自己开心一点儿。

我小时候，叔叔经常睡懒觉到中午12点，我去喊他好几遍，他还不起床。直到奶奶拿着笤帚敲炕沿儿，威胁他再不起床就挨揍，我才听见叔叔的哼哼声。我问奶奶，叔叔为什么这么晚起，奶奶说他大半夜不睡觉打手电筒看书。那时候我挺佩服叔叔的，比我这上学的还刻苦、还努力。同时我也很疑惑，这么爱读书为什么会挨揍？后来才明白，叔叔看的是武侠小说。

直到现在，几十年过去了，叔叔还迷恋武侠小说，甚至他的习惯还影响到了孩子。他的孩子们现在也喜欢看仙侠、玄幻之类的小说。因为，孩子们经常看到爸爸端着一本小说看，或者捧着手机看小说，难免会好奇，小说到底有什么吸引人的？一旦开始阅读，孩子们就很难从读小说的状态中走出来，即便他们还有自己要忙的学习任务。毕竟，与大人相比，孩子的自控力还是略低一些。

因此，如果家里有孩子，家长可以帮助孩子设计阅读比例，引导孩子在看小说的同时，也多阅读其他类型的图书，让孩子的阅读类型不过于单一。比如，像《蛤蟆先生去看心理医生》《啊呜一口，吃掉烦恼》《别想太多啦》这类优质的心理类图书，写出了很多人的共鸣，让人容易读得进去，值得一读。

/ 第七章 /
阅读的习惯让富养成为自然而然的事

想读书却读不进去时，该怎么办

想读书却读不进去，比不读书还痛苦。一般来说，不读书的人体会不到这种煎熬。但是从不读书到经常读书，就要经受这种折磨。出现这种情况，要先接纳自己。

任何人从舒适圈走出来，都要经过很多次挣扎，就像准备离开地球的飞船一样，地心引力那么强，不多加点燃料猛冲一阵，根本摆脱不了地球的约束。

那么，读书的"燃料"来自哪里呢？来自我们的精力值，包括心力、体力、脑力、意志力。比如，上了一天班、开了一天会、带了一天孩子，睡前往往很难看得进去书。即便我们的身体很健壮，但如果上班时和同事、领导闹了不愉快，或者又到了还房贷的日子，心里那么大的压力，想看进去书也很难。

那为什么有的人能把读书当成一种习惯，下班回家之后，第一件事就是读书，每天睡前都能读书呢？那可能是他不用管孩子、不用做饭、不用收拾家务。否则，对于20~40岁的人来说，想在晚上读书，真的太难了。比如，我刚毕业的时候，每天上班要走40分钟，还要带饭去公司，下班后再走40分钟回家，洗洗涮涮，收拾完都晚上10:30了，真的没有心力读书。

很多宝妈更是如此，一个人扛着赚钱、照顾孩子、管家的三重重任，想看书的话，很多时候真是有心无力。我在产后那一年几乎没看过书，因为我们家小小钱不是吐奶，就是闹觉，我每天都很烦、很崩溃，只想睡觉或者离开家。

所以，我给大家的建议是，读不进去书的时候，先想想自己为什么读不进去：心力不足，就想办法让自己先开心起来；脑力不足，就先拒绝接收任何信息，手机、电视都远离，让自己放空一会儿；体力不足，就先躺躺，小憩一会儿；如果这些都不是，就是单纯地不想看，那可以想办法让自己尽快走出消极的状态。有句话叫"现在吃的苦，都是当年读书少欠下的债"。而这些债，早晚得还。

我对这句话深有感触。我原本并不是一个一直很爱学习的人，但是工作后才知道，读书少确实会多吃亏：一个机会原本应该是我的，却因为能力不够和我无缘；我做的其实足够多，却因为不善于表达，与荣誉擦肩而过。

以前，我以为是因为别人学历比我高，后来才知道是他们比我更会学习，更知道用书里的答案武装自己。我的这些遭遇，但凡读几本沟通类的、技能提升类的书就能避免，可我硬是靠自己生扛走过了这么多年。

每一个成年后还爱读书的人，可能都吃过人生的苦，才珍惜读书的甜。如果还没读进去，那可能是苦头吃得还不够，或者是生活中还没遇到一个因读书多而改写人生的人。

/ 第七章 /
阅读的习惯让富养成为自然而然的事

想要养成阅读习惯，应该怎么做

如果想要养成阅读习惯，你觉得一个月看完 1 章更容易，还是每天看 5 分钟书更容易？

从理论上说，这两个都容易实现。但是从事实结果来说，一个月看完 1 章更容易。哪天心血来潮一下子就看完了，这个月剩下的其他时间，我们可以自由支配。但如果每天看 5 分钟书，我们就会觉得每天都有个规定任务，感觉自己被束缚住了，反而不想看。原本可能 2 个多小时能干完的事，硬是拖了一个月都干不完。

想要养成阅读习惯，做到以下几点很重要。

首先，我们要定月目标而不是日目标。

阅读是一种生活方式。我们不要把看书规定为每天必做的任务，而要计划一下一个月看多少，比如看完一章、两章。而且，不要要求自己必须看完一本书。因为有些书的精华就在某几章里，看完这部分，就已经足够了。

其次，去一家书店，挑选出自己喜欢的书，就在书店里看。

为什么有时候在家不适合读书？因为一回家可能就想休息或想到家庭压力，这会影响看书的心情。

再次，在最初培养阅读习惯时，把要求放低一些。

我们可以先找一本能读得进去的书，不要在意时长、形式和记不记得住，能读起来就好，这样做是为了让我们不那么抵触看书。阅读本来就不是必须做的事，能惦记阅读这件事，就已经养成阅读习惯了。

那什么时候才能让自己阅读上瘾，经常阅读呢？不妨想一想自己对什么事情上过瘾，那时候是什么感觉。

最后，我们要建立起"我很擅长阅读"的信念。

获得阅读能力前，要先相信自己有。比如，我以前常说自己阅读时有"吸星大法"的能力，一本书只要出现在我面前，就一定要"吸干"它，为我所用。当然，我最初并没有这个能力，可我总保持这份信念，后来我真的就有了。信念的力量是很强的，如果我们一直觉得自己肯定不是读书的材料，那再好的方法都没有用。

读书和武侠小说中的"吸星大法"真的很像，作者把自己练了几年甚至十几年的功夫都写到了书里，我们只要看这本书就能吸收他的功力，为什么不去看呢？

家长想培养孩子的阅读习惯也可以这样做，不要规定他每天怎么看书、看多久、看多少页，只关注他一个月实现了什么阅读目标。家长可以先问问孩子喜欢看什么类型的书，比如漫画、故事书、笑话书，专门买他们喜欢看的书给他们，哪怕这些书对学习的帮助并不大。

我培养我家小小钱就是这样，只要他愿意读，捧起来读就行。后来我发现，每当他捧着自己挑的那些书看时，都看得很开心。虽然他并没有因此主动看其他有用的书，但我至少不用催他写作业了，至于其他的学习任务，我只要偶尔提醒他一下，大多数他能自己主动做。

制订适合自己的阅读计划

想看书了,怎么制订阅读计划呢?一个月读几本书合适?先读点什么书,老师能不能帮我推荐下书单?这些问题,是我遇到最多的。从开始阅读到习惯阅读,阅读计划可以这样制订。

结合自己当前的人生阶段,制订阅读计划

阅读计划是辅助我们实现当前阶段的人生目标的,我们身处什么阶段,就应该根据当前阶段的目标读书。

我制订阅读计划经历了多个阶段。

第一阶段：上大学时。

我制订的阅读计划是一个月读 4~8 本书，实现快速阅读、大量阅读的目标。为了实现这一目标，我以图书馆一次性只能借 4 本书的规定激励自己，争取早点把这 4 本书看完，再去借新书，看看一年能在多少本书的借阅记录上写上自己的名字。

第二阶段：毕业初期。

这时我制订的阅读计划是一个月读 4 本书，目的是提升工作技能。我当时做人事行政工作，看了不少职场方面的书，而且偏爱读新书，想看看我阅读的速度能不能超过新书榜的更新速度。当时，我重点看成功励志榜单，尤其是职场、个人管理类的书，读了不少。

第三阶段：职业迷茫期。

这时我制订的计划是"100 天看 33 本书，一年看 100 本书"，探索人生的可能性。当时列出了 100 本想读的书单，虽然最终没有全部照书单读完，而是换了一些更适合自己的书，但阅读数量达标了。

第四阶段：输出阶段。

该阶段我不再要求自己一年读多少本书，而是开始多输出，把看过的书整理为读书笔记 PPT、讲书稿，开始设计自己的讲书课，根据讲书课主题选书，再把书读透了然后写稿，进度差不多是一个月讲一本书。这个阶段也要注重主题阅读，提升阅读速度和理解深度。

第五阶段：读书带领阶段。

这时，我从一个人读书，到组织一群人读书。我组织过很多读书活动，比如"消灭囤书"阅读计划，我让大家列出："当月的阅读目标

第七章
阅读的习惯让富养成为自然而然的事

是什么?要消灭多少本书?这些书的价值是什么?应该怎么样进行排序?"大家会先写一个文档,我再对他们的文档进行咨询诊断,看看哪些书不用看,哪些书要加进来。诊断之后,大家就开始和我一起消灭囤书。

制订一份"消灭囤书"阅读计划

对于第一次启动读书计划的人,我建议可以参考我的"消灭囤书"阅读计划。

首先,写下月目标。

例如"未来 30 天的阅读目标是什么?希望在一个月之内解决什么问题?阅读书单是什么?想清空多少本书?",然后写下"全局目标(大目标)是什么?",确定"一个月之内读多少本书最佳?全部读完后,满意度是多少?读完之后希望获得什么样的奖励?"。

表 7-1 未来 30 天的阅读目标计划表

解决问题	你希望在一个月之内解决什么问题	
工具资源	你的阅读书单是什么	
	你想清空多少本书	
明确目标	你的全局目标(大目标)是什么	
实现目标	一个月之内读多少本书最佳	
	全部读完后,满意度是多少	
	读完之后希望获得什么样的奖励	

其次，预想困难点和解决方案。

写下阅读过程中可能遇到的困难，比如，在第 13 天或者第 16 天时不想读了，或者想换书，那么请写下换书的理由。要提前写下自己可能遇到的困难，并且预先构想如何解决困难以及战胜困难后可能收获的奖励。

表 7-2　预想困难点和解决方案表

可能遇到的困难	预想的解决方案	战胜困难后可能收获的奖励
1. 读不下去了		
2. 想换书		
……		

最后，对书单进行筛选和排序。

一般来说，排在书单前面的书会比后面的读得快。按照阅读经验，通常第 10~15 天，冲劲儿会下降，读得会越来越慢，或者出现各种困难。所以，我们要把三分之二的书都放在这个时间之前阅读，而不是平均分散在目标计划的整个周期内，并且只要读完计划书单中三分之二的书，就能获得奖励，不一定非要全部达成。

表 7-3　书单筛选排序表

原书单	重新排序		完成后奖励
	1~10 天	筛选的书单（2/3）	奖励内容
书单罗列	11~15 天	筛选的书单	奖励内容
	16~30 天	筛选的书单	奖励内容

之所以"消灭囤书"阅读计划会奏效，就是因为在活动开始之前，我们先主动分析了自己可能遇到的困难，用科学合理的方式制订了阅读计划。

对于任何想制订阅读计划的人，我非常建议预先把可能出现的困难都列一列，顺便想一想，如果这些困难真的都发生了，是不是有能力解决。列书单时，我们也要筛选一下，把读起来更起劲的书往前放，制造阅读初期的喜悦感。这样的阅读计划，即便还没开始执行，也已经注定了能完成。

阅读计划被打乱怎么办

很多时候，我们计划得很好，但总被突发事件打乱，比如家人突然生病、工作突然需要出差等，这时我们应该怎么办呢？

第一，关注点放在月目标而不是日目标上。

如果今天的阅读任务没完成，明天补或者几天后补都可以。一天不读书，并不会影响我们的工作和生活，只要不是一直不读书就好。

第二，重视阅读这个动作。

第一次制订阅读计划时，只要重视"读"就好，至于是否写笔记，是否输出做账号，这都是以后的事。

第三，始终牢记，读书的目的是把生活过得更好，而不是为了读书本身。

如果最近太忙没时间看书，那就多留心生活，多思考遇到的各种信息，这也是在"读"，只是读得不系统，无法判断对错而已。但对于很忙的人来说，暂时这样做就可以了。

我记得有个朋友深夜发过一条朋友圈，内容是：此刻的夜是那么安静，只听见点滴的滴答声以及老父亲不匀称的呼吸声。每个成年人的生活都不容易，一定要让阅读成为我们的助力，而不是压力。阅读计划被打乱也没关系，毕竟余生还那么长，今天，我们先解决燃眉之急。

阅读是否需要仪式感

很多人觉得,阅读是件神圣的事情,必须有仪式感。果真如此吗?我们读书时是否需要特意坐在书桌前,或者带上喜欢的笔、便利贴,专门找个时间阅读呢?

孩子的阅读仪式感,在于与家长的情感联结

有很多家长问过我,怎么让孩子更爱读书?是不是需要布置书桌,有个书架,让家里到处摆满书?其实孩子的阅读仪式感,不光在于外在环境的布置,更在于与家长之间的情感联结。

阅读是富养自己最好的方式

有些家长感觉很痛苦,一直想不明白:他们在家里从不玩手机,只看书,为什么孩子就不爱看书呢?其实就是缺少了情感联结,家长把看书当成了任务,而不是和孩子在一起的欢乐时光。

孩子在什么地方看书、怎么看书,其实不那么重要,他能看书就很好了。小小钱就很不喜欢在书桌前看书,他喜欢坐在我边上,或者趴在我边上看书,书桌更像他完成学习任务不得不去的地方,并不能带给他阅读的喜悦感。

==如果家长想让孩子多读书,就要用书促进彼此的情感联结,而不是让读书成为孩子的学习任务。==

成年人的阅读仪式感,通过塑造环境建立

成年人阅读也是需要仪式感的,可以通过布置书桌、准备喜欢的文具、下载体验舒适的电子书阅读软件等来增加读书的愉悦感。

我有三个阅读空间:一个是带书架的书桌,上面有个磁吸灯,吸在书桌横板上,温和的灯光正好打在书上,氛围感拉满;一个是我工作的书桌,只读书不记笔记时,我喜欢用这张桌子;还有一个是床,我喜欢靠在被子上读书。

另外,我还是个文具控。我有很多喜欢的书签、本子、笔,每次拿出来时都特别开心,觉得自己富甲天下。

有的朋友问我,这是不是有点形式主义?再配上一杯咖啡,是不是效果更好?成年人的阅读,其实还真需要些形式主义,尤其在原

/第七章 /
阅读的习惯让富养成为自然而然的事

本可以看手机,却偏偏要看书的假日里,不来点儿刺激,怎么看得进去呢?

我有个闺密,单身的时候,看书特别随意,周末裹个被子,在被窝里读书,身边还放着吃的。结婚之后,她和婆婆同住,再这样看书就不太合适了,她想让自己更舒服一点,每次看书的时候,仪式感满满,咖啡、书、平板电脑、笔记本、各色便签、各色笔、各种贴纸,都一一准备好。这些看起来费事,可她做起来很享受,家里也不会有任何人抱怨她瞎花钱。

阅读的仪式感就像一支扎在心头的箭,当它出现的时候,我们就知道自己该看书了,比如"地铁一有座就看书"。仪式感或许很小,可能是一摞便笺纸、一支喜欢的笔等,只要能给我们带来启发或暗示,增加看书动力就行。每一种仪式感,对于需要它的人而言,都是一种陪伴。

是否需要特定的阅读环境

读书少的人,往往更需要特定的阅读环境。而读书多的人,真的是无论坐在哪里、站在哪里都能读书,他们已经建立了环境适应性。那最初我们是怎么适应环境,让自己随时随地都能读书的呢?

小时候,我看过一个故事,说伟人在集市上都能看书,我就想试试看。那时,我奶奶在集市上卖菜,我就在旁边读书。当我们不在意别人的眼光时,其实在哪里读书都一样,根本不会觉得吵,或坐得不舒服。书能不能读得进去，不在于外在环境是否安静、舒适，而在于内心世界是否纷乱、嘈杂。

很多人读不进去书，就是因为内心不静，纠结的事情太多，时刻被焦虑的感觉纠缠。当然，这并不是说内心不静的时候一定读不进去。每个35岁以上拼命奋斗的人内心都不那么平静，但为什么依然有人能读得进去书呢？因为读书自带安抚内心的能力，只要"打开书就好"。心会随着阅读越来越静。可能在开始读书的第3天、第5天、第10天，内心就静了，但只有开始，我们才能迎接那一天。

如何培养终身阅读的习惯

人们常说"活到老,学到老",那么怎样培养终身阅读的习惯呢?

设定阅读目标

终身阅读,绝不是只为自己而读,一定是为了影响和帮助一群人。了解这群人是谁、他们有哪些问题、如何通过阅读帮助他们,就是我们要设定的目标方向。

我接触过很多人,都说自己想读书,但不知道读什么,觉得特别迷茫。所以,我们可以尝试设定一个读书的小目标,让大家少点儿迷茫。

阅读是富养自己最好的方式

我整理了一些大家常见的问题,相信每个想成长、想改变的人,都曾经被这其中的某个或某些问题困扰:

·工资不高,生活压力越来越大,不知道该如何面对未来;

·生活圈子非常有限,除了工作,几乎没有与人交往的机会,感到孤独和无助;

·注册了账号,却不知道如何运营,且会因为不会更新而感到焦虑和不安;

·工作压力非常大,得不到认可,不知道怎么办;

·对自己的工作和职业规划缺乏信心和方向,不知道哪些方面需要加强和突破;

·经常因家庭问题而烦恼,无法平衡工作和家庭;

·有些担忧健康状况,又没有足够的时间和精力去关注它;

·兴趣爱好非常有限,不知道如何拓展;

·人际关系十分薄弱,不知道如何认识新朋友。

寻找阅读伙伴

一个人读书和一群人读书,体验感是非常不一样的。自己读一本书,需要一个月;大家一起读的话,会变得更快、更容易。我有个朋友,经常在江苏南通做线下活动,大人孩子一起参与。每次共读一本书,带着大家现场读,然后讨论其中细节,所有人的体验感都很好。

/ 第七章 /
阅读的习惯让富养成为自然而然的事

想找阅读伙伴，我们可以发起一个读书会活动，邀请感兴趣的人一起参加，只要买了书就可以入群。做一张海报，写上书名、活动时间、报名方式、活动形式简介即可。

可能一开始只有几个人参与，但是我们要坚持继续做，慢慢地就会发现观摩的人开始关注我们、关注我们的人开始点赞、点赞的人开始加入。我最开始做读书会活动时，也很担心招不到人，但是即使只有3个人，也可以一个人读1~2章，然后分享自己的读书感悟，达到几个人共读完一本书的目标。另外，我们可以规定阅读进度，每天看多少，读完大家分享一下印象最深刻的知识点。无论什么形式，只要做起来，就能自动吸引同频的人参与。

开始讲书分享

讲书是最好的训练读后输出的方式，我们可以讲一个知识点、一节、一本书。你不用担心讲得好不好、透不透，只要你带着"分享好书"的使命感，努力传播好书给他人，多练几次，就能越讲越顺。

我在讲书人培训活动上，带很多新人练习讲书，大多数人首次就发挥得很好。讲书这件事，难的是还没开始就认为它很难，因而一直不采取行动。

如果说成长有什么捷径，那一定是多读好书。虽然阅读很苦，但相比生活的苦，阅读带来的是收获、是重塑。而生活的苦，是对我们的消耗。终身阅读，享受阅读的苦，是我们走向世界的路。

后记

把书当朋友，富养自己是一生的修行

很多人问过我：读书的用处究竟是什么？

实话实说，读书之初，我无法给出准确的答案，也没敢奢望能带领数十万人一起读书，一同改变自己的命运。

随着时间的不断推移，阅读量越来越大、同行者越来越多，我慢慢意识到，读书的用处并不是想出来的，而是在读一本本书、拆一本本书、用一本本书的过程中，逐渐探索和总结出来的。

最初读书时，我的目的非常简单——不想做一个被孩子嫌弃的妈妈，也不想做一个被老板辞退的员工。对于那时的我而言，读书的意义就是变成一个不被讨厌的人。我根本没想过如何读得好、如何利用读书赚钱，只是纯粹地不想成为一个"负分"的人，想要拥有不被讨厌的勇气。

读书对我的另一个意义，是不再做别人操心的对象。我奶奶在世时，常常问我："你挣的钱够花吗？"每每听到这句话，我都感觉家人要为我操心的事太多了，我是不是个累赘？我希望通过读书学习，改善自己的生活。在没有能力照顾好家人的时候，我至少可以照顾自己，让他们少为我操心；

等我有了能力,我反过来可以照顾他们,替他们操心。

即使后来与合作方合作,我也抱着同样的心态。我知道,我某些方面的能力尚且不足,可以借用的资源有限,我又是一个很笨的人,入门的速度很慢。我希望通过读书学习,尽快提升自己,给所有的合作方减轻负担。

后来,我因为读书做出了一点儿小成绩,才敢大胆地想象:要不要试着把这个小成绩放大一点儿,再放大一点儿?在逐渐放大的过程中,我一步步找到了读书所蕴含的更多意义。比如,现在的我希望一年可以带出一万个讲书人,把读书商业化。具体的步骤是:

第一步,带他们读书,让他们成为优秀的学习者;

第二步,带他们把读的书拆解开来,让他们成为合格的内容输出者;

第三步,带他们学习一些营销技巧,让他们成为内容的传播者和分享者;

第四步,带他们学习一些产品化的策略,把读过的书变成可销售的内容产品,再培养他们一些商业思维。

经过这四个步骤,读书就变成了一种商业活动。只有做商业,才能做更大的公益事业。否则,读书人更多地会感觉有心无力。

至于以怎样的方式来做,大家可以自行选择。既可以直接成为自由职业者,也可以像我一样,从做副业开始。

| 后记 |

<u>每个人拿起的书都像黑夜中的火把。当大家一起将火把点亮时,黑夜如白昼,那是众人的希望和未来。</u>

很多人探寻读书的用处时也和我一样,是在阅读中慢慢发现自己的价值和意义的。

在学习者阶段,一般人看不到太深远的意义,也不知道自己的价值和影响力会在哪里得到呈现。一旦完成了内容输出和传播,以及读书产品化之后,他们立刻就能看到,输出的内容对一些人产生了帮助。他们的思维被启发、心灵被温暖。

看到了读书的用处和意义,读书助人的使命感会变得更加强烈。接着,大家可以带着这个使命继续前行。

阅读就像播种,选择什么样的肥料、在什么时间撒种子、如何浇灌等,需要全盘考虑。这些虽是一件件的小事,却都是阅读重要的组成部分。一个好农民要做的事是种出好庄稼;一个好读书人要做的事是读好书、讲好书、用好书。把书当作朋友,用阅读富养自己。

寄语

读书是一辈子的事。筝小钱老师持续在读书领域深耕,是长期主义的真正践行者。她相信读书的密度,愿意为更多的人提供有价值的内容。

这本《阅读是富养自己最好的方式》,是她读书理念的展现,是她多年来经验的总结。期待更多靠谱的朋友能够以这本书为起点,真正地开始读书,从书中汲取能量,成就更好的自己。

—— **侯小强**
起点中文网前董事长,《靠谱》作者

作为从业 20 年的出版人,我太认同小钱老师提出的"阅读是富养自己最好的方式"的理念了。我自我人生的改变就是通过阅读,阅读成了我 20 年成长里每天的必备功课。这本书就是一本帮所有迷茫、困顿的朋友改变命运的书。我希望打开这本书的你不仅能因书获益,也能因为与小钱老师生命的联结,看到更多的人生可能!

—— **刘 sir**
《定位高手》作者,书香学舍主理人

阅读是富养自己最好的方式

现代人越来越懂得精神的富足和物质的富裕同样重要。我们每个人都能用阅读的方式滋养自己。筝小钱老师的《阅读是富养自己最好的方式》不会直接给你物质上的百万千万，却能让你真正养成阅读的好习惯。

—— 李海峰

独立投资人，畅销书出品人

筝小钱老师是真正的"读书变现"高手，如果你想提升阅读能力，如果你想提升创作能力，如果你想成为富有的知识IP，请一定要重视她的这部新作。

—— 剽悍一只猫

个人品牌顾问，《一年顶十年》作者

如果你想读书，但一直没有读起来，这本书会让你真正读起来；如果你想富养自己，但是不知道怎么去做，那这本书能让你真正开始富养自己！

—— 廖恒

百万畅销书《极简学习法》作者，清北学霸研究者

阅读不仅是一种自我成长的方式，更是一种自我投资。我本身也非常喜欢通过阅读不同的书籍，去汲取知识、提升认知、开拓视野。但如何才能有效、高效地阅读呢？这一点

/ 寄语 /

很多人都忽略了。其实,"阅读"亦有方法,这本书就系统地介绍了不同的阅读方式,特别是在当下浮躁的环境中,更值得读者潜心学习,帮助读者通过"阅读"找到新机遇。

—— 肖逸群

星辰教育创始人兼 CEO,恒星联盟发起人

《阅读是富养自己最好的方式》这本书的作者筝小钱有着多年的读书博主经验,她会带着你开启一场超棒的阅读之旅。

无论你是特别渴望知识的求学者,还是正在寻找心灵慰藉的旅人,这本书都能成为你的良师益友。它会告诉你,阅读不仅是为了获取信息,更是一种很高级的生活态度,是富养自己的最佳途径。

让我们一起走进这本书,开启一场充满智慧和温暖的阅读之旅,用阅读滋养我们的心灵,遇见那个更好的自己。

—— 卢菲菲

**菲常记忆创始人,世界记忆大师,
最强大脑明星选手**

我创业 12 年,今年看的书比往年要多很多,在看书的过程中,我不断反思这 12 年创业之路所踩的坑,有时候边看边捶胸,心想要是早点儿看到这些知识,就不用踩这些坑了。我也越来越佩服老祖宗的智慧,原来书中真的有黄金屋,我们生活中、工作中遇到的几乎所有问题在书中都有答案。

看到小钱老师的《阅读是富养自己最好的方式》时,我立刻深感共鸣。

这个社会很浮躁,大家都想追求速成。阅读却像一束光,照亮了我们的生活,让我们找到"成"背后的"因",让我们找到内心的平静。

富有不仅是指物质上的丰富,更是心灵和思想的充实,而这正是阅读可以带给我们的。通过阅读,我们能够在书中找到力量和智慧,从而使我们的生活更加充实和有意义。

我希望更多的人能通过这本书,体会到阅读的力量。让阅读成为我们生活的一部分,让我们的内心充满力量,头脑被充分武装,不再过分担心未来,勇敢面对生活的各种挑战。

—— **创客老蒋**
创客匠人 CEO,畅销书《做长期正确的事》作者

这个时代最宝贵的"富",不是物质上的丰盈,而是精神上的富足。书是人类智慧最重要的传承和传播方式之一。而阅读,既是一个帮助我们了解世界的窗口,也是一种可以富足我们的内心,将我们浮躁的心安定下来的方式。

等小钱老师的《阅读是富养自己最好的方式》,就是一本帮助所有人掌握阅读的乐趣和妙用的好书。

/ 寄语 /

筝小钱老师是一位热爱阅读的实践者,更是一位不遗余力推广阅读的传道者。当你走进老师的书,你就会明白,如何去享受阅读,如何通过阅读全面提升自己的品格和气质,你还可以了解如何高效阅读、如何深度阅读、不同人群如何读书、不同类型的书如何阅读。

相信当你读完这本书后,就会感受到阅读带来的无穷力量。

—— **孙中伟**
剑桥大学和伦敦大学双硕士,升学规划师,
"快乐学霸"理念传播者

拜读了小钱老师的《阅读是富养自己最好的方式》以后,终于明白了为什么我总说她像从古画里走出来的美女一样,她身上的那种中国传统女性的知性美和优雅,一定是她通过阅读富养自己最好的证明。书中小钱老师介绍了她读书的使命责任以及一些读书的方法,可以看出来这是一本作者希望全心全意给读者以滋养的书。

—— **韩刚**
逅唐茶业集团创始人

书,是门槛最低的高贵。

读书的好处自然不胜枚举,然而,在当今快节奏、高压力的生活中,我们常常忙于奔波,却忽略了内心的滋养与成长。

《阅读是富养自己最好的方式》这本书,恰恰提醒了我们,读书,就是一场最为优雅且深刻的自我富养之旅。

作者筝小钱通过深入浅出的叙述,将读书的意义与价值娓娓道来。它不仅是一种获取知识的方式,更是一种生活的态度,一种精神的追求。

—— 燕老师 Selena

教育慈善家,国际家庭教育导师,

青少年积极心理学专家,全民阅读委员会主席

顺境进取,逆境蓄力。在当下这种环境能出现这本书,是每一个想要改变自己的人的福气。作者筝小钱老师是不可多得的站在普通人角度研究阅读行为的专家,她的这本书将教会你如何利用阅读改变思维方式,提升个人气质,帮你无压力地养成阅读的习惯,每一页都是一次自我提升的机会,不晦涩、接地气,快速入门,强烈推荐!

—— 张弛

知名语言艺术教育专家

/ 寄语 /

读书改变命运！读书就是将别人的思想变成一块块基石，铸造属于自己的思维殿堂！筝小钱老师的《阅读是富养自己最好的方式》一书就是指引你通往更广阔和丰富的世界、提升更高认知的一把钥匙！让我们去打开属于自己的智慧和财富的殿堂！成为最好的自己！

—— 文菲

资深电视制片人、电视节目主持人，
美视达文化传播有限公司董事长

阅读是富养自己最好的方式，也是富养一个家庭最好的方式。中国人最好的学习场景就是诗书之家，用诗书富养家庭里的每一个人，一家人共读、共进、共成长。

—— 刘静锋

品读行创始人

在速度与效率成为"信仰"的时代，阅读是一种优雅的反抗。在这本书中，我们可以跟着小钱老师按下暂停键，开始富养自己。

—— 孟彧

UCCC 中美禅学院院长，东方身命观倡导者

阅读是富养自己最好的方式

一篇读罢头飞雪,绝知此事要躬行。读书是一种乐趣,更是一种自我的修为,读书能改变思维,更能提升气质。想丰富自己,就跟着小钱学读书、读好书、常读书。

—— 李德林

作家

筝小钱老师的新书《阅读是富养自己最好的方式》给我呈现了新的视角,去认识阅读、感知阅读。

她一直强调,读书的目的之一是要解决实际问题。这看似功利,实际是一种很好的用书方法。

我们先是通过读书去解决一个个问题,继而看到问题的本质和共性,最后一层层地把大问题拆解成小问题。在这个过程中,我们不仅在找书、读书,也在不断升级自己的思维。

"阅读是富养自己最好的方式"不仅是小钱老师的阅读理念,还是她每天都在亲身践行的准则。

—— 笛子

日不落集团创始人

这是筝小钱老师出版的第二本关于读书的书籍,与第一本《如何有效阅读一本书》形成了有效的互补,也是她对"读书"认知的升级体现。

/ 寄语 /

等小钱老师在读书领域的坚持和付出，让她从一个热爱读书的人，变成读书领域的领军者。

把读书变成生活方式，变成身体的一部分，不应该只是小钱老师的执着追求，更应该是每个人日常生活中要做的一件小事。

—— 白银锋

桂林市形象礼仪协会会长，

亚洲国际形象大赛亚军

半年内被辞退 2 次的小钱老师，却在 3 年里成为一名成功的读书博主。有人以茶入道，有人以花入道，而这是一本通过谈"阅读"帮我们"入道"的好书。在这本书里，你将获得内心的安静，找回原本自具足的智慧，成为更好的自己。人的一生，还有什么比这些更有意义吗？

—— 刘良钰

ICF（国际教练联合会）认证 MCC 大师级教练，

曌乾组织教练联合创始人

一个喜欢阅读，又不遗余力推广阅读的人，本身就值得尊敬。看到小钱老师这本书的书名——《阅读是富养自己最好的方式》时我就很喜欢。很多人都想富有，但是怎么富有，并不是人人都知道的，而这偏偏又是每个人最需要学习的。如何通过阅读让自己变得富有，在这本书中就有答案。

此前，我看过她的另一本书——《如何有效阅读一本书》，里面有许多阅读方法，而这本新书则注重讲读书的好处，如何通过读书影响性格、改变气质，读书后她对生活的深刻理解和对自我生命的疗愈等。作者在书中还讲到自己的心愿："希望每个人都能通过读书找到自己，并爱上自己。"我想，读完这本书，你一定会有所收获的。

—— 粉逍遥
Girl viavia 创始人

阅读，是一种生活的艺术，一种自我投资的方式。它不需要昂贵的成本，却能带来深远的影响。

然而，读书并不是每个人都拥有"天赋"。市面上已有的一些类似书籍并没有给出阅读的实际方法和结果，这本书的内容却让我惊艳不已！

在这本书中，小钱老师让我知道，不同的职业身份读书的方式是不一样的。还帮我切实解决了困扰我多年的读书困惑，比如我平常很容易读书走神，读书太慢，不会提炼内容精华，无法深度阅读，等等。

方法落地，实操简单，真的让人受益匪浅。这样一本好书，必须力荐！

—— 任一晨
幕后玩家

/ 寄语 /

看到《阅读是富养自己最好的方式》这个书名，我眼前一亮。

阅读，是跨越各种距离，让我们心与心沟通最直接的方式。

小钱老师说，她是在自己感到孤独、害怕、焦虑的时候开始阅读的。我深以为然，阅读也让我在迷茫中慢慢地看清了前面的方向。

翻开书的瞬间，我看到了更大的世界、更多元的生活方式，借由书中一个个精彩的故事和作者分享的方法，我也找到了独属于自己的富养方式。

—— **无云斋主**
百万粉丝达人

翻开《阅读是富养自己最好的方式》这本书，我很认同筝小钱老师说的这句话："阅读是在用一种低成本的方式生活，阅读更是富养自己最好的方式。"

当下消费主义盛行，人们总认为富养自己就是物质的满足。其实通过阅读的方式充盈自己的精神，多角度理解世界，才能让自己拥有内心的平和和富足。

如果你也想富养自己，不妨打开这本书，看看筝小钱老师对阅读的理解，让阅读成为你生活的一部分。

—— **J 小姐**
自发光创始人

现在是一个很容易买到书、看到书的时代,但是哪些书是好的、什么时候读哪些书、怎么去读、如何高效地记住、如何去拆解一本书,小钱老师这本书写得非常详细,而且书中有很多模型,非常值得推荐,如果你想要通过读书获得成长,一定要先阅读这本书。

—— 少帅

头部 IP 幕后操盘手

第一次翻开《阅读是富养自己最好的方式》,真的与我内心产生了很多深刻的共鸣。

小钱老师希望每个人都能通过阅读找到自己,爱上自己。相信每天哪怕只读 5 分钟,我们都可以逐渐安放那颗飘忽不定的心,聚焦行动、坚定前行。

我自己是心理咨询师,也在培养学生成为助人者,我们这个行业的从业者只有终身学习才能与时俱进,从而更好地提升自己、帮助他人。

阅读不仅能缓解内心的躁动不安、紧张害怕、焦虑无措,更能在知识探索、技能提升、势能升围、商业破局多方面助力。

/ 寄语 /

    阅读是我推荐给每一位学生的必备技能，我认为也是每一个人获得快乐、幸福、满足感最容易的方式。

—— 赵婉新

西塔心理创始人

    我非常赞同"阅读是富养自己最好的方式"这个说法，可惜我是在 32 岁的时候才明白这个道理，因此，在看到本书书名的一瞬间，我就被深深吸引了。看完这本书，我更加确信和认同，无论是成人还是儿童，都需要阅读来滋养自己，获得能量。筝小钱老师在多年的阅读中逐渐形成了自己的阅读理念，构建了独特的阅读方法，跟着她，你的身心会得到滋养，头脑会得到充盈，人生会大不一样！

—— 赵焱

百万育儿博主，心理营养亲子导师，

畅销书《亲子沟通的方法》作者

    小钱老师，是一个让我看见她就会想起"书"的人。

    她不仅自己与书深度结缘，通过读书改变了自己的人生轨迹，而且帮助了更多人与书结缘。小钱老师是阅读的引领者，也是带着一群人"分享式阅读创业"的开创者。在她的帮助下，一群爱书之人一边用"读书"富养自己，一边把"读书"变成了自己的副业，甚至是事业。

阅读是富养自己最好的方式

在本书中,她不仅用诸多感性的方式,帮助读者找到读书的原动力;也同时用理性的方式,教读者如何高效阅读、如何读不同类型的书、如何拆解一本书。以书养慧,慧致财富。希望你也能从小钱老师的这本书中,找到富养自己的最好方式。

——张婷

《感性的力量》作者,当当影响力作家,

亿级平台私域全链路操盘手

我不只是一位作家,也一直是一位用读书富养自己的读者。对于每一位女性而言,阅读是一种用最低的成本成为更好的自己的方式。高效阅读的习惯就是富养自己的习惯。相信这本书能帮助渴望成长的你拥有长期自我滋养的能力。

——唐安丽(Annie)

深圳市海归协会秘书长,中山大学 EMBA 讲师,

香港城市大学 EMBA 客座讲师,

畅销书《向上学习》作者

知识改变命运是亘古不变的真理。当下的时代充斥着焦虑,但是静能生慧,跟着小钱老师回归阅读,能让我们静下心来感受生命,富养身心。

——金雨麒

畅销书裂变发售顾问

/ 寄语 /

小钱老师的书《阅读是富养自己最好的方式》让我收获颇丰,并深感共鸣。我的前半生是被阅读拯救的,我的后半生也将被阅读赋予厚重的意义。小钱老师通过阐述阅读的意义和方法,帮我把每年阅读 100 多本书的所有体会和收获完整地表达了出来。如果你想从一个阅读小白成为一个阅读达人,继而让阅读成为人生的一种习惯,小钱老师的这本书就是你阅读之旅的指路明灯。

—— 冯洪
中国心理卫生协会注册心理咨询师,
全国重点中学家庭教育工作室负责人

作为一名同样以文字为生的人,我对筝小钱的《阅读是富养自己最好的方式》深有共鸣。在这本书中,我看到了阅读的无限可能,也感受到了作者对阅读的热爱和对知识的尊重。它不仅是一本指导读者如何阅读的书,更是一本关于告诉读者如何生活和如何重新养育自己的书。我相信,每一位读者都能在这本书中找到自己的答案,启迪思考、丰富人生。我强烈推荐这本书给所有渴望通过阅读来提升自我的朋友。

—— 何圣君
7 年出版 11 本书,畅销书《不强势的勇气》作者,
写作共创研习社创始人

阅读是富养自己最好的方式

喜欢读书的人,身上总有种莫名的吸引力,筝小钱老师尤其如此。这一点,她的 20 万名学员可以证明。

在《阅读是富养自己最好的方式》这本书中,没有让人头疼的阅读理论,全是实实在在的方法和真诚的感悟。

我们在字里行间可以看到,她正把善于阅读的这个优势不断放大。当她提出要把阅读变成富养自己的方式时,她对阅读的理解就已经超出了大多数人。

跟筝小钱老师一起学习阅读,一定会有超乎你想象的收获!

—— 璐璐

畅销书《活在你的优势上》作者

一个妈妈如果懂得用阅读富养自己,孩子不爱读书都难。小钱老师本身就是一位通过阅读改变命运的妈妈,相信这本书一定能够帮助更多的妈妈更深刻地理解阅读的意义、价值与方法。

—— 景致园长

畅销书《陪孩子走稳人生第一步》作者

/ 寄语 /

　　与笋小钱老师相识多年,她总能给予我力量。这本《阅读是富养自己最好的方式》不仅是她阅读方法论的核心,也是她这些年经历的最好总结。希望大家都能在阅读中得到成长与治愈。

—— 陈大可

知乎博主,畅销书作家

　　无论你是在争取升职加薪的天选打工人,是想要在带娃之余做副业的宝妈宝爸,还是在为拉新促活掉头发的创业者,只要你想成为一个高收入、高幸福感的阅读者,这本书就可以立马帮你找到思路。

—— 彭小六

《洋葱阅读法》作者,"读书会创始人社区"主理人

　　我一直在课堂上和学员们分享三个人生最重要的基本功,那就是阅读、写作和表达。写作和表达是输出,而阅读是输入。很多人不是不想读书,而是觉得读书太难了,记不住、用不上。而小钱老师正是这方面的专家,她最近几年一直深耕阅读领域,她的阅读方式很简单,普通人也能学会,非常推荐大家读这本书,富养自己。

—— 张家瑞

《逻辑说服力》作者,帆书特聘讲师,销售演讲导师